熟女壯遊
勇闖世界18國
改變思維的環球之旅

胡語芳————　著

目錄
Contents

熟女壯遊，勇闖世界 *18* 國
－改變思維的環球之旅－

　　退休以來一直在尋找生活目標，當志工、參加讀書會、電影會、跳排舞、去旅行、寫臉書、做菜、聽演講及走步道等等，都曾經是我退休後的選項，日子過得比上班還忙，卻是忙得快樂，忙得沒壓力。

　　退休一段時間後，覺察到日常生活雖看似忙碌充實，卻好像是瞎忙，有時不免覺得空虛寞落，感到不踏實，結束忙碌的一天，夜深人靜，會感到情緒低落，覺得國家不需要我，社會不需要我，家庭也不太需要我。

　　2017 年初，我靜下心來，盤整目前的生活也思考自己的未來，決定暫停多年參與的排舞、讀書會、電影會及朋友聚會，有了多餘時間重新整理思緒，發現自己原來最有興趣的是「自助旅行」和「寫作」，旅行既讓自己放鬆，每天會遇到不同人事物，很有新鮮感，又很有挑戰性，過程中遇到很多困難要一一面對，一一解決。

　　退休前，工作忙碌和生活處處受到侷限，因而約束及限制自己才能的發揮，退休後，才終有餘裕，重新發現自己其實是喜歡自由，有開創性、計畫型、執行力強的人！

　　人生已走過一甲子，為自己的夢想出走也進入第五年，特別為慶祝自己 60 歲生日，策劃了為時 96 天跨越 18 國的自助旅行，這次的旅程之所以不同於過往，乃在於我有一些根深蒂固的傳統觀念，居然無預警地在旅行的過程中徹底翻轉改變，總結到目前為止的經歷，發現我最喜歡的旅行類型是與當地人接觸，並在日常生活中進行文化交流，這也是我心目中國外最美麗的風景。

高中時代，一到下課或午休時間，我就一股腦鑽到圖書館，看瓊瑤小說、外國小說如茶花女、基督山恩仇記等，上大學後，曾有同學邀我參加文藝社，我自認為文筆不好而羞於加入。如今在親朋好友的鼓勵下，能將自己旅行經歷及心情寫下來，結合我的兩種興趣，也算跨出自己過往生命的格局。

　　以往我總會在跨年元旦時，許下當年的願望，如買車、買房、看書、學英文等，2017 年的願望，就是將自己的旅行經歷出版成書，向來行動派的我，這次也是盡己所能努力達成。

　　這趟旅行對我而言是人生一大突破，衷心期盼讀者也可從中有所收穫，年齡不是問題，自助旅行永遠不嫌晚，願以我的經歷為借鑑，讓每個有旅行夢的人，勇敢的踏出你們的第一步吧！

十年磨一劍
成為更好的自己

語芳是我在社大旅行系列課程的學生，她是個做事很有目標，也會提早規劃的人。她在二〇〇七年也就是退休前五年來到信義社大選課，不僅選修旅行課程，也選修語言課，甚至開始持續鍛鍊自己的體能，因此當她修課五年後達到退休資格，便啟程走上環遊世界之路，我其實並不驚訝。

如今，當語芳在經歷了五年的密集出走後，再把這趟 96 天的旅行遊歷寫下，彙集成書，和舊雨新知分享，看在同為旅行者的眼裡，實在是再自然不過的事。

熟齡女性敢於出走、為自己壯遊，並不只是圓夢，往往造福的是全家人。語芳在過去五年間，透過旅行實踐了自己的夢想，也陸續讓親子關係、夫妻關係、與原生家庭父母的關係、和下一代的婆媳關係，得到了紓解；這些遠遠不在她原先規劃的旅行計畫內，卻都物超所值地加倍奉送了給她。

有個說法是，當一個人想要在某個領域累積到足以成為專家的程度，最起碼需要經過十年的持續學習及努力，借用古人「十年磨一劍」的譬喻來形容語芳過去十年的歷練與成長累積，相信並不為過。然而旅行，卻只是個開端而已，當一個人的身體向外拓展的同時，她的內在心靈空間也在擴展當中。

相信展讀此書的有緣人，從書裡看見的將不只是有形的旅行天數、國家數目、旅行花費而已，期盼大家藉由語芳的文字牽引，一同穿越有形與無形的國界，展開各自的心靈翅膀翱翔，逐漸成為一個更好的、讓自己更加喜歡的自己。

臺灣國際志工協會理事長 / 臺北市內湖社區大學校務顧問 / 作家

張瓊齡

每個人一生，
都該勇敢環遊世界一次

語芳是我社區大學「環遊世界超簡單」班上的學員，不過對我來說，更像一位親切的大姊。在期末報告中，她提出了南美大旅行的計畫，後來真的就去實踐了。在臉書上讀著她一路勇闖南美的經歷，有時捏一把冷汗，也十分佩服她邊旅行邊學西文的精神。

退休族旅行的預算相對沒有那麼緊繃，但通常勇氣不足。像她這樣一個人勇敢出發的，真的很少。喜歡語芳的勇氣，她會承認害怕，但其實比誰都勇敢，還是不斷前行。

分享著語芳的環球遊記，看到冰島思念母親真情流露，與波蘭家庭的難得緣份，以及在古巴與西文老師的情誼，皆令人動容。猶記得當時她在冰島旅行，因天候不佳，飛機延飛，詢問我們的環球旅行者LINE 群組，是否該等待班機，前往冰島的西北方居民只有 200 人的Flateyri 小鎮，與 Servas host 會面？我因為擔心她在荒涼地區孤立無援，是力勸她不要去的人，但她選擇勇敢的飛去，最後得到很棒的收穫及不尋常的體驗，那就是成長，而她又很幸運的銜接下一站盧森堡的交通，真是天時地利奇特的旅行。

語芳一一的運用課程中老師們教授的知識及各種工具，並且善用她的個人專長，例如廚藝，和不同國家的 Servas host 深度交流，建立了感人的情誼。

感謝她堅持記錄，我們才能看到環球旅行的另一種感人的故事。身為媽媽，不一定要等待誰來帶我們去旅行，媽媽自己就能勇敢去旅行，真是太好了！

每個人一生，都該勇敢環遊世界一次！

旅遊作家 社大老師（曾五次環球旅行）

陳美筑

9

讓自己不僅是台灣人，
也成為一位地球人

我第一次接待 Servas 的旅行者，是來自加拿大 70 歲的阿公和 60 歲的阿嬤，他們回到加拿大後寫了 25 頁的台灣遊記，向 Servas 總部報告，以後台灣會員到各國旅行，應該鋪紅地毯高規格接待，可見其在台灣旅程的精彩，不言可喻。這次接待給我一個很大的啟發，許願有一天，當我到這樣年紀的時候，我也要如是做！

在我心願尚未達成的時候，我在社區大學的學生 - 語芳，比我先達標了。語芳對於新事物充滿好奇，對於學習充滿熱情，這些因素推動她有勇氣做各項嚐試，以至於她在課堂上第一次聽到 Servas 的國際交換住宿制度，就能立刻起而行，參加這個組織，進而規劃一趟環遊世界的大旅行。

Servas 是一個可以「交換」的組織，交換住宿空間、食物、生活方式及交換我們對於自己土地和世界的資訊和見解，甚至交換人生智慧，一生的信念。

旅行讓我們有機會自我對話，聽到內心真實的聲音，讓我們從別人身上學習到我們不曾想過的可能，讓我們開始關心世界某個角落的災難，讓自己不僅是台灣人，也成為一位地球人。

銀髮族的朋友們，您不必再羨慕年輕人可以透過打工渡假，到國外長期旅行，透過 Servas，您不必打工，也可以環遊世界！

勇氣需要鼓勵，相信語芳這本書會給您極大的激勵，也很適合您介紹給有旅行夢想卻依然裹足不前的朋友，請告訴他們，60 歲的媽媽都能自己環遊世界，年輕人，當然也可以！

National Secretary of Servas Taiwan

台灣國際旅遊交換住宿和平促進協會理事長　　王雪美

環球慶生之旅源起

　　2007 年我參加台北市信義社區大學課程「熟女的奇幻之旅」，張瓊齡老師帶我們到新店、基隆自助小旅行，期中作業是要我們獨自去旅行，理由是我們這個世代的女性，結婚生子之後，重心總是放在家人身上，少有機會為自己旅行，藉由這樣的練習，除了給自己一點喘息空間，也為將來的國外旅行預做練習。

　　我選擇高雄 2 天 1 夜遊，自己住飯店、自己遊愛河、自己坐捷運、自己逛商圈，初次獨自在國內異地小旅行，有點緊張，對別人的眼光很在意，最後總算達成任務，如釋重擔。

　　旅行過後，學期結束前，我主動寫了一篇《新店後花園旅行心得》，老師鼓勵我建立部落格並在網路貼文。從這門課我初次自己旅行，初次寫文章及建立部落格，算是為我將來把旅行和寫作結合起來預做準備。

　　2012 年 7 月退休，女兒 8 月要去英國讀研究所，我先進英國里茲語言學校，3 個月後隻身前往德國科隆、法蘭克福、柏林 10 天旅行，初次自己在異國旅行，也初次住賣床位的青年旅館，出發前非常害怕，我對住宿家庭女主人表達心裡的害怕，女主人回覆我，有事隨時打電話，讓我安心不少。

　　我是沒方向感的人，出國前兒子說：「媽媽在國外迷路了，怎麼辦？」。吉人自有天相，我總是遇到貴人，用簡單的英語，遊歷了科隆大教堂、萊茵河、柏林圍牆及 5 大博物館，又跟華人團半自助去德國周邊 6 國旅行，這華人團只提供住宿和交通，而大部分旅客是上了年紀的中國老爺大媽，來探望在歐洲讀書或工作的兒女，一句英語都不會說，我的破英文居然派上用場，幫他們點餐、帶路，從此信心大增，安全的完成 7 國之旅，我終於勇敢的走出第一步！ 5 個月又 7 天在英國的日子，除遊遍英國外，跟團、跟學校和女兒旅行共 10 個國

家，2013 年 1 月在倫敦跨年後快樂的回家，算是壯遊元旦的輝煌紀錄。

進入退休第二年，我又回到社大校園，為下一趟旅行儲備能量。我在 2013 年 9 月選修台北市信義社區大學「環遊世界真簡單規劃篇」，從陳美筑等四位老師教導中，我學會如何規劃旅行、買便宜機票、旅館、訂火車輪船，他們還介紹世界七大奇景、世界遺產、博物館等，當時我的夢想是環遊世界，目標 100 國！行動力強的我，在當年 10 月出發，經歷了在伊瓜蘇瀑布迷路、馬丘比丘被丟包，飛越復活節島看巨石摩艾，2014 年 1 月和女兒在巴西里約熱內盧跨年，最後達成南美 5 國 70 天的旅行，這是我第二次單獨自助旅行，又累積了一些經驗，把以前跟團和自助旅行的國家加起來，截至 2015 年已累積 38 國，但距離 100 國的目標還很遙遠！

回想我 2012 年在英國住過 3 個月的付費住宿家庭，女主人讓我印象深刻，當時有位日本年輕男性室友 Kazu 問我：「讀完語文，您回國後要做什麼事？」，我笑著回答：「我可以當 Host，接待外國人啊！」

社大環球班課程，王雪美老師介紹「Servas Taiwan」（台灣國際旅遊交換住宿和平促進協會）（如附錄一），她當時擔任該協會秘書長。王老師的授課，激起我對交換住宿組織的興趣。當時兒子讀警專住學校宿舍，家裡平日多了一個空房可用來交換住宿。經老師遊說，2014 年我參加當 Host 的行列，先接待外國人，但不曾住過國外 Servas 住宿家庭。在規劃準備環球慶生之旅時，感謝 Servas Taiwan 前任理事長唐銘崗小姐鼓勵我去初體驗 Servas 國際組織，不但可以做國民外交，也節省很多旅費。

陳美筑老師與妹妹曾環遊世界 80 天，給我很大啟示，另一位黃老師分享神秘的古巴，也打動我的心。在旅遊的系列書籍中，有人帶媽媽旅行，帶女友旅行，帶娃娃旅行，還有年輕人放下工作去環遊世界。我的一雙兒女已長大離家，先生上班，退休四年、當專職媽媽的

我著手計畫一系列環球慶生之旅的行程（如附錄二），不同於以往的是，我盡量運用 Servas 免費交換住宿，以達到省錢又能文化交流的目的，2016 年預備完成 17 國環球壯遊，慶祝走過人生一甲子，也做為送給自己 60 歲的生日禮物。

快樂出發！

在台灣桃園國際機場，夫妻「快樂出發」，搭上荷蘭皇家航空 2016 年 4 月 2 日近凌晨 23:40 班機，一切就緒，好心安，已做好心理準備要長途飛行，只是經濟艙座位好小，不知高大的外國人腳往哪裡伸？當日客滿，我沒劃到走道座位，起飛後，部分空調暫停，我擠在中間座位，覺得沒空氣，「頭暈，眼前一黑」，快要昏倒，呈缺氧症狀，在緊急情況下，學護理的我，趕忙脫掉外套，剩一件短袖，深吸一口氣，往空調強的方向走，尋找近配膳間冷氣超強的前排空位坐下，才逐漸恢復，而先生永連也覺得熱，冷氣太弱，很悶。

此時卻看到配膳間的空服員，還有空在玩撲克牌，忙裡偷閒，當下覺得我「自力救濟」是明智的抉擇，期望平安順利飛行。

出發！

第一階段‧夫妻同遊北歐

第一站

Sweden

難忘的瑞典－斯德哥爾摩

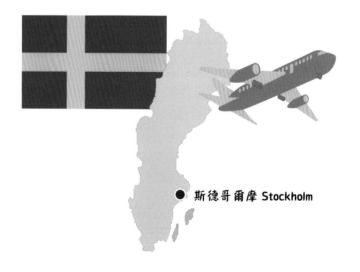

斯德哥爾摩 Stockholm

瑞典斯德哥爾摩（Stockholm Sweden）
（2016.04.03 － 05）

經過漫長的飛行及在荷蘭阿姆斯特丹轉機，15 小時後終於抵達瑞典斯德哥爾摩阿蘭達機場（Arlanda Airport），機場不大，沒有海關櫃檯，直接提領行李，這裡是隨機抽檢問話的。我們搭機場巴士（每人 119 克朗 SEK，含稅 6%），大約 45 分鐘到達利姆福薩（Liljeholmen）。

電話通知 Servas host Cattis，女主人來巴士站接我們，因男主人 Matz 患氣喘病，晚上易咳嗽，怕會打擾到我們，所以另租一間小套房給我們住，覺得他們真的很貼心。

安置好行李，女主人帶我們去買一日卡（可搭船、捷運、巴士，每張 230 克朗 SEK）後，我和先生即搭捷運到舊城區。在 Gamla Stan 站下車，一出捷運口有花市，經過教堂到街道，突然我發現先生的「背包被打開」，同時低頭看一下「我的側包也被打開」，我大叫我皮夾被扒走了，當時我很驚訝進步的瑞典怎會有扒手？趕快聯絡台灣的銀行止付及報遺失，我總共被扒了「兩張信用卡、兩張金融卡，以及 420 歐元和剛買的兩張一日票卡 (460SEK)」，這些損失大約台幣 17,920 元，好慘啊！

不過，不幸中的大幸是我的護照及更多現鈔，還有另一信用卡和金融卡，都放在內腰帶中保住了。

Host 夫妻有點尷尬，女主人關心的說：「從來沒聽過斯德哥爾摩有扒手的事，只曾聽來住的會員，曾在其他國家遇到扒手的事。」說實在，回想當日應該扒手早就鎖定我們，逃不掉了。後來處理完畢，心情也平靜了，反而我們請 Host 別擔心，還有信用卡和現鈔可用。

Cattis 介紹重要景點瓦薩號戰艦博物館和市政廳，我還想去傳統市場逛逛，損失錢財對我的心情其實影響不大，總之平安就是福嘛！

景點：瓦薩號戰艦博物館（Vasamuseet）

　　搭捷運到 Slussen 站，再搭渡輪 Djurgården 號到 Allmänna Gränd 碼頭下船，參觀瓦薩號戰艦博物館（Vasamuseet），博物館建築不顯眼，戰艦長 69 公尺，高 52.5 公尺，是瑞典國王 Gustav 二世下令建造木製戰艦，1628 年下水「首航被颶風吹沉」，300 多年後被發現，船上雕刻有很多獅子、神話人物 700 多座。在這裡看見很多孩子在校外教學，看來瑞典很注重孩子實務教育。

景點：Östermalmshallen 傳統市場

　　斯德哥爾摩的第一座室內市場，有賣魚、蔬果、魚肉、馴鹿肉、乳酪及麵包，環境整潔明亮，「完全沒魚腥味」。食物都放置在冷藏櫃內，和台灣的傳統市場比較，的確乾淨衛生。我們中餐吃了鯡魚 (Herring) 和鱈魚餐，主食是馬鈴薯，瑞典近海，海鮮既新鮮又美味。

景點：市政廳 (Stadhuset)

　　沿著波羅的海海灣邊散步，走到市政廳，建築高塔上頂著三皇冠，是 1923 年完建，用紅磚和馬賽克磁磚建成，大廳是「諾貝爾和平獎頒獎」晚宴所在。

景點：特雷坎滕湖 (Trekanten Lake)

　　這幾天天氣由 10℃降到 8℃，天氣變冷，還下著小雨。最後一天我們決定在 Host 家 Liljeholmen 附近走路遊湖，沿路看到 3 位老師帶幼稚園 10 位三、四歲小朋友遊湖，有家長帶小孩去玩沙堆、推車帶寶寶出門，「不怕雨不怕冷」，老人也出門散步，也沒帶口罩，還有人帶著一群狗狗出來蹓躂。

湖面很乾淨漂亮，樹雖枯了，佇立湖邊有一種寒冬的美，彷彿正等待著春天來臨。我們散步一圈，難得「享受冷冽中的寧靜，內心也很平靜」，這就是我這次旅行的方式 ──「慢遊」，不趕景點，多了解異國生活的方式，彼此文化交流。

Host 夫婦都是系統管理師，已退休 3 年，很熱心指導我們行程。第一天晚餐是烤鮭魚和四季豆，點心是烤蘋果派。我們遠道而來，Host 拿出只有慶典才喝的當地飲料，喝起來很像可樂，而鮭魚也很新鮮可口。「食物保持原味，沒有太多調味料，採水煮或乾烤」，台灣是「用油煎或熱炒得多」，烹調方式大不同。早餐都是麵包、起司、優格、火腿、水果、喜瑞爾、咖啡、茶和藍莓，比較簡單沒變化。

第二天晚餐 Host 準備羊肉丸、義大利麵（Pasta）、無酒精啤酒，還有冰淇淋，很驚訝男主人「氣喘還是照吃冰淇淋」，還說生孩子照吃冰、洗頭，和我們坐月子的觀念真是大不相同，我們也提供台灣的醫療習慣，氣喘咳嗽不吃冰容易好，請男主人可以試試。

我們聊家庭、教育、醫療、稅制等，瑞典教育是小學到博士都免費，教育重點是 ── 獨立思考，互相交談和討論，學生自己找答案，而不是老師給答案；台灣義務教育到高中，偏重記憶、考試及書寫報告。

另外，若醫療需緊急救護，通知救護車，七分鐘內就會到達，台

灣大概是 6 -12 分鐘到達，有時 30-40 分鐘。瑞典平日民眾先給「家庭醫師看診」，有必要再轉診去醫院，台灣是大家喜歡去大醫院，「小病看大醫院」，轉診制度不落實，造成健保負擔。

瑞典「綜合所得稅很重」，25-55%，人民錢賺

越多，則稅繳越多。平均在 65-67 歲退休，當老年時，國家有錢提供養老金，社會福利才能做好。台灣稅制是大部分人是在 12-20% 左右，目前我國正在為國家財政困難而煩惱，年金改革中，瑞典的制度與作法值得我們學習，可從「稅制改革」著手。

瑞典「物價很貴」，一瓶 600 毫升礦泉水就要台幣約 88 元，像拳頭大小的蘋果一顆也要 32 元，交通費也貴，一日 24 小時車票卡約台幣 900 元，我們悠遊卡三日卡還比這價錢便宜一半呢！

瑞典只有 950 萬人口，很多移民、難民，所以有「宏遠的國際觀念」，他們認為各種族、各行業、階級都應平等，互相尊重。從小學開始學瑞典語及英文，有外國人在時，要尊重，大家盡量不說瑞典語。

這三天真是過得很充實豐富，對這城市感覺「交通很方便，處處能刷卡」，是進步的城市；初體驗住 Servas 住宿家庭，也住得很舒服自在，附近環境優美、有湖泊、離捷運站近；生活注重氣氛，餐桌擺花束，牆壁有畫和孩子照片，很簡潔明亮。

雖然有些遺憾，環球之旅的第一站，第一天就遇到可惡的扒手。但我們還是心存感謝，才能接受招待食宿 3 天 2 夜，早晚餐也真豐富，我們也送上紀念品及鳳梨酥，彼此文化交流，種種經歷都令人難忘的斯德哥爾摩之旅，在寫下感謝語後道別，歡迎 Host 到台灣旅行，再相聚！我們也往下一站 —— 聖彼得線遊輪碼頭前進囉！

旅遊資訊

※ 依當時匯率換算

荷蘭皇家航空 (KLM)：台灣桃園→荷蘭阿姆斯特丹→瑞典斯德哥爾摩

簽證：免簽證

時差：瑞典比台灣慢 7 小時 (-7)；夏令時間慢 6 小時（-6）

匯率：瑞典克朗 (SEK): 新台幣 =1：3.94；歐元：新台幣 =1:36；美元：新台幣 =1:33

瓦薩號戰艦博物館網址：www.vasamuseet.se

住宿：Servas host family

DAY 1

美味鮭魚 & 烤蘋果派

DAY 2

瑞典當地飲料 Påskmust →

早餐

麵包、起司、優格、火腿、水果、麥片、咖啡、茶和藍莓

晚餐

羊肉丸、
義大利麵、
無酒精啤酒

五天四夜聖彼得線遊輪

搭乘聖彼得線 ── 安娜塔西亞公主號（St. Peter Line Princess Anastasia）遊輪五天四夜，遊波羅的海，從瑞典斯德哥爾摩去愛沙尼亞塔林一天，俄羅斯聖彼得堡二天，最後到芬蘭赫爾辛基下船。輪船上吃飯及看小型表演都要付費，但卻是越住越喜歡！我們「第一次自助坐遊輪」，一切靠自己訂船票，訂餐、買行程或自由行，算是超便宜又自由，我們訂有窗的二人房 448 歐元（含四早餐、一晚餐、接駁車），當然不論遊輪多豪華都「沒有免費的 wifi」。

遊輪過海關，現場目測大概約近千人，非常擁擠。行李都要檢查兩遍，在「聖彼得堡」兩天，也是第一天過海關檢查，「晚上回船住，隔天又出去回來」，過海關的時間比較浪費，所以有人選擇直接住在旅館不回遊輪過夜，特別提供俄羅斯 72 小時「免簽證」，下船還有「樂隊迎接」，好熱鬧！

遊輪早餐超豐富，有各種麵包、醃鮭魚、水果、蛋糕及果汁，我們訂一晚餐是吃到飽的自助餐（Buffet），居然座位是「101」，很合乎我這次旅行天數，它有付費音樂餐廳，但我們只去過咖啡簡餐餐廳和自助餐廳。每天都有「城市小旅行」，而「船艙只當住宿點」。

遊輪 5 天 4 夜行程表		
4 月 5 日	18:00	離開 斯德哥爾摩
4 月 6 日	11:30	到達 塔林
4 月 6 日	19:00	離開 塔林
4 月 7 日	09:30	到達 聖彼得堡
4 月 8 日	19:00	離開 聖彼得堡
4 月 9 日	08:00	到達 赫爾辛基

我坐車有暈車現象，所以也怕暈船，曾坐過遊輪，雖有準備暈船藥，但沒事。此時雖有風浪，有時下小雨，每天還是去甲板散步，看大海、看風景、看日落，很愜意。

旅遊資訊

※ 依當時匯率換算

遊輪訂票網站：booking.stpeterline.com
簽證：瑞典、愛沙尼亞、芬蘭免簽證，俄羅斯 72 小時免簽證
匯率：歐元：新台幣 =1:36；美元：新台幣 =1:33
住宿：安娜塔西亞公主號遊輪

2016.04.06

Estonia

波羅的海三小國之一：
傳統的愛沙尼亞 - 塔林

塔林 Tallinn

愛沙尼亞塔林（Tallinn Estonia）
（2016.04.06）

塔林一日遊

景點：大海岸城門 （Great Coast Gate）

　　愛沙尼亞首都塔林，城市不大，方便用走的。塔林是古城，先經大海岸城門，右邊是高塔，左邊是城堡，很特別的城門。塔林本有六個城門，如今只剩這個城門。

景點：市政廳廣場（Raekija Plates）

　　11 世紀的哥德式市政廳，市政廳對面有一全世界最古老的藥局拉伊皮提克（Raeapteek），1422 年開張至今，陳列傳統的製藥器材及藥品，現在賣的是現代藥品。

　　市政廳一樓有一家賣「糜鹿湯」、牛肉派及蘋果派小店，店內沒有電燈，只有桌上微弱的燭光，黑漆漆一片。初嚐糜鹿肉，黑黑的一碗湯，看不清楚肉，吃起來肉質十分鮮嫩，湯也鮮甜好喝，蘋果派也好吃，酸黃瓜則是自行取用的，共花費 7 歐元，算中等價位。

居然在小店巧遇曾一起學英文的年輕學生 Andrew，在香港大學就讀，來荷蘭交換學生 1 年，假日自己飛來塔林玩，這個男孩子很獨立，我們很高興也很驚訝這「世界真小」！

景點：圖姆皮城堡 (Toompea Castle)

14 世紀丹麥國王建造，現在只剩下圓柱形城塔，原址現為「國會大廈」，城塔在左後方。

景點：聖歐拉夫教堂 (Oleviste Kirik)

登塔票價一人 2 歐元，這是 13 世紀全世界最高尖塔的教堂，總高 124 公尺，「258 階梯」，60M 高。很陡峭危險，還好有繩索幫忙，我們爬得氣喘吁吁，好開心終於挑戰高塔成功。

景點：亞歷山大涅夫斯基大教堂（Alexander Nevsky Cathedral）

　　19 世紀俄國人建造的，俄羅斯東正教教堂，色彩簡單柔和，共有五座洋蔥式圓頂，有獨特的風格，是塔林最大、最宏偉的教堂。

旅遊資訊

※ 依當時匯率換算

簽證：免簽證
時差：比台灣慢 6 小時 (-6)；夏令時間慢 5 小時（-5）
匯率：歐元：新台幣 =1:36
聖歐拉夫教堂網址：www.oleviste.ee
住宿：安娜塔西亞公主號遊輪

第三站

2016.04.07 — 08

Russia

古典的俄羅斯 - 聖彼得堡

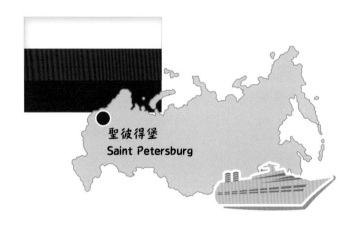

聖彼得堡
Saint Petersburg

俄羅斯聖彼得堡（Saint Petersburg Russia ）
（2016.04.07 － 08）

聖彼得堡二日遊

　　Day host Sveta 是位小兒科女醫生，上午還要看診，所以我們約在 St. Isaacs Square 附近的遊客中心（Information）下午見面。遊輪接駁車司機送我們到市中心，我們這二天上午自行先逛聖彼得堡的聖以薩教堂及基督喋血大教堂。

景點：聖以薩主教堂（Isaakievsky Sobor）

　　聖以薩主教堂花了 40 年時間建造，在 1858 年完工，是聖彼得堡最大的教堂。彩石石雕，金碧輝煌，一般而言國外教堂都是當地最漂亮的建築物。每人參觀票價 250 盧布。

景點：基督喋血大教堂 (Hram Spas na Krovi)

　　基督喋血大教堂是兒子亞歷山大三世紀念父親（1881 年遭暗殺的沙皇亞歷山大二世），於 1883-1907 年建造完工，是由三十多位藝術家全力創作，外觀鮮艷，內部地板、牆面都是使用非常小塊的馬賽克拼圖而成，非常細緻，用各種彩色大理石砌成的牆和地板很壯觀。門票每人 250 盧布。

景點：彼得保羅要塞 (Petro-Pavlovskaya Krepost)

　　Day host 是 Servas 的新會員，有一兒三女，四孫子女，她的先生 2 年前去世，但她很樂觀，也很熱心導覽這城市，我們大部分時間在走路，為了讓我們體驗地鐵（當地地鐵共有 5 條，1955 年開通，民眾搭乘非常方便），我們搭地鐵 2 站到 Gorkovskaya，再走路 10 分鐘到「彼得保羅要塞」。

　　彼得大帝於 1703 年為控制波羅的海進入涅瓦河的船隻而建造，防禦外敵瑞典，原為木造，後改為石造圍牆更堅固了。

中間有尖塔是「聖彼得與聖保羅大教堂」，122 公分的高塔，頂上有手持十字架的天使，歷任沙皇幾乎埋葬於此。還有頭小身大的「彼得大帝」銅像，另有展示彼得大帝親造的船隻。

　　「涅瓦河」(Neva River) 貫穿聖彼得堡，我們沿著要塞，繞著河散步，風景優美，再走到冬宮劇院，準備觀賞期待很久的俄羅斯芭蕾舞表演了。

景點：漢米塔吉劇院 (Hermitage Theatre)

　　劇院是在冬宮內，演出「傳統俄羅斯芭蕾舞」，我們坐在前排貴賓席，座位只有 250 個，劇院內很豪華，算小而美的劇院，觀賞「柴可夫斯基的天鵝湖芭蕾舞」，整晚陶醉在古典音樂饗宴中。

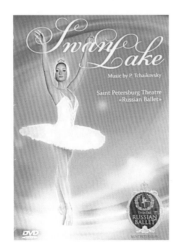

景點：冬宮 (Zimny Dvorets)

　　走到冬宮廣場，映入眼簾的是讓人舒服的淺綠建築 —— 冬宮。1762 年建造，俄羅斯沙皇住到 1917 年的皇宮，現已是漢米塔吉劇院和隱士廬博物館 (Hermitage Museum)」（博物館門票每人 600 盧布），我們沒換盧布，直接刷卡，這裡連麥當勞都可刷信用卡，非常便民。

　　大廳以金色裝飾，顯得金碧生輝，館內陳列收藏「三百萬多件」古羅馬、古希臘、俄羅斯、印度、中國、日本、羅馬，還有埃及等國藝術品，品項包含繪畫、雕刻、珠寶、古錢，還有傢俱等，堪稱世界四大博物館之一，館內收藏及建築設計，讓人大開眼界、值回票價。

第一天午餐 Day host 請客，第二天就我們作東，感謝這二天介紹景點，安排觀賞精彩的「俄羅斯芭蕾舞」。餐廳有當地魚、米沙拉、雞湯麵、牛肉丸、大麥，是「傳統俄羅斯餐」，便宜又美味，3 人午餐僅 1,130 盧布，當地物價比台北便宜，是想再回來觀光的城市。

　　Host 談到俄羅斯人口已負成長，生育率低約「1.47%」，國家是「免費醫療」，編列龐大醫療費用。而台灣將於 2018 年人口負成長，生育率 2016 年為全世界倒數第三，1.12%。另外，台灣是全民健保，需部分負擔。

　　比較遺憾的是我們互相交換紀念品，Sveta 送我們的一盒「巧克力」，就在逛街時，因先生的背包被打開而被扒走了，從此他就將「背包放在胸前」，以防萬一。這也提醒我：無論任何進步或落後的國家城市，都要小心扒手，處處注意錢財。

傳統俄羅斯餐

旅遊資訊

※ 依當時匯率換算

簽證：搭遊輪 (St. Peter Line Princess Anastasia) 俄羅斯提供 72 小時免簽證
時差：聖彼得堡比台灣慢 5 小時 (-5)
匯率：俄羅斯盧布 (RUB): 新台幣 =1:0.44；歐元：新台幣 =1:36；
　　　美元：新台幣 =1:33
地鐵網址：www.metro.spb.ru
冬宮漢米塔吉劇院網址：russianbroadway.com/theatres/hermitage-theatre
冬宮 (隱士廬博物館) 網址：www.hemitagemuseum.org
住宿：安娜塔西亞公主號遊輪

Finland

迷人的芬蘭 - 赫爾辛基

赫爾辛基 Helsinki

芬蘭赫爾辛基 (Helsinki Finland)
(2016.04.09-11)

　　結束了遊輪之旅，我們到赫爾辛基港口，再坐電車轉捷運，Host Kinno &Leena 到捷運終站來接我們。女主人 Leena 是心理學老師，Kinno 是產業發展經理，3 年前退休，有 3 位女兒，2 位孫女，二女兒住附近，他們有時幫忙帶孫女。其中小女兒是外交官，曾派駐肯亞，現在日內瓦，他們都曾去女兒派駐地旅行。

　　當日先生摺猴年花燈，告訴他們元宵節要提花燈的習俗，還介紹了十二生肖。他們很喜歡可愛的花燈，高興地掛在餐廳吊燈上當裝飾，Host 家裡並不大，客廳餐廳書房相連，我們住在客廳一角落的沙發床，用布幔遮蔽，飯廳布置得很漂亮，餐桌上有小花盆栽，吃飯點蠟燭也很有氣氛。住家附近有商場，離捷運站也很近，購物交通都方便。

　　夫妻一起準備餐食，早餐吃得簡單，麵包、奶油、蔬菜、水煮蛋及喝茶，二頓晚餐分別為一主食是米飯、白魚，另一是馬鈴薯、燒肉（牛豬肉），這味道很像台灣的紅燒滷肉，但料理方式是用烤的再水煮，沒使用醬油，食物盡量原味原汁，不加調味料，很注重健康。

　　我特別問蔬菜水果「農藥問題」，他們種菜是不用化學農藥的，因為芬蘭天氣很冷，沒有昆蟲，所以可以安心以沙拉方式吃。台灣蔬果農藥很多，要好好清洗才能去除，烹煮菜餚，用油及調味料也很多，真要學習簡單烹調了！

　　芬蘭人從小學到博士的教育都免費，外國人也免費，但國家現在財力較差，2017 年研究所要開始繳學費，以前讀的學生賺到了。

在販賣機買了二日票（每人 12 歐元，捷運、電車及渡輪皆可使用），比斯德哥爾摩物價便宜很多。這國家是「北歐五國唯一使用歐元的國家」，捷運只有一條，到處是電車，捷運及電車皆「無閘門」，司機也沒檢查車票，很信任民眾，行車中不會廣播站名，對我們來說下車有點困難，只能問司機或乘客了。

我們規劃到議會廣場，準備去三個教堂及露天市集逛逛。

景點：尼古拉教堂 (Tuomiokirkko)

座落在議會廣場北方的白色建築的大教堂，廣場有沙皇亞歷山大二世雕像，1852 年完成修建，基督教路德教會教堂，內有管風琴、瑪麗亞雕像，以前出海的水手能看到白色教堂就表示離赫爾辛基很近了。

景點：烏斯本斯基大教堂 (Uspenskin Katedraali)

1868 年俄國人建造，是西歐最大東正教教堂，俄羅斯聖彼得堡建築師設計，外觀的紅磚綠屋頂上面有鍍金十字架，是結合東西方的建築，因為裡面沒有椅子，所以禮拜儀式是全程站立的。內部也有鍍金聖壇、花崗岩石柱、精緻雕刻神像、壁畫，可惜不能照相。

景點：露天市集廣場 (Kauppatori)

　　在這裡看到有一座噴泉，中間有青銅雕像「波羅的海少女」是1908 年由巴黎移至此，從海上浮現的少女，象徵這座城市的誕生。市集有賣馴鹿皮毛、日用品、小吃、蔬果等，馴鹿丸子，我點了小魚蔬菜餐，有當地魚 (Rove)，還有附咖啡（10 歐元），雖有點貴但卻很新鮮可口，尤其在大冷天吃喝熱食，頓時覺得暖和起來。

景點：岩石教堂 (Temppliaukion Kirkko)

　　在議會廣場再搭電車，在 Sammonkatu 站下車，向一推小孩車的年輕婦女問路，她很熱心指引我們，走了 15 分鐘到達，打破了一般人對芬蘭人少笑容，很冷漠的印象。

　　1969 年完工，是基督教路德派教堂，原本是一「巨大岩石」，建築師奇想，把頂部挖開，石頭當圍牆，有 5 至 9 公尺高，上方蓋了玻璃頂棚，讓自然光線進入，牆壁有管風琴，音樂效果奇佳，常用來辦音樂會。

景點：芬蘭防禦城堡（Suomenlinna）

第二天，Host 夫妻也當 Day host，陪我們從露天市集坐渡輪去防禦城堡。防禦城堡在 18 世紀時建造，是防禦俄國入侵的堡壘。經過教堂、圖書館、潛水艇。因是假日，所以很多博物館和餐廳都沒有營業，只好看看外觀。當下氣溫 1°C，海風吹來，我的手跟臉都好冰冷、有些刺痛，居然忘了戴手套和口罩。天氣雖冷，但四周風景仍然迷人。

為感謝 Host 住宿飲食接待，還有白天導覽防禦城堡，午餐我們請客！我們希望是吃道地的芬蘭餐，因正逢週日，很多餐廳沒營業，終於找到一家當地餐廳，他們點沙拉，我們點馬鈴薯牛肉丸及紅色甜菜蘑菇餐，甜菜比較不合我的胃口，不含飲料、湯，只有自己倒的白開水（四人共 50 歐元），價位算貴。

芬蘭醫療比較不方便，看醫生要排隊等很久，雖有健保，但還是要自付大部分費用，一般感冒等疾病直接去藥房買藥，重症則付少許費用。

第三天，男主人開車送我們到機場互道珍重再見，相約外交官女兒有機會派駐亞洲時再相聚。

旅遊資訊

※ 依當時匯率換算

簽證：免簽證
時差：比台灣慢 6 小時 (-6)；夏令時間慢 5 小時 (-5)
匯率：歐元 : 新台幣 =1:36
交通網址：www.helsinki.finnair.transport
防禦城堡網址：www.suomenlinna.fi
岩石教堂網址：www.helsinkink.temppeliaukion-kirkko
住宿：Servas host family

2016.04.11 — 14

Norway

熱心的挪威 - 奧斯陸

卑爾根 Bergen

奧斯陸 Oslo

挪威奧斯陸 (Oslo Norway)
(2016.04.11-13)

　　奧斯陸的 Host Tore 只回了一封信，答應接待並説明如何坐車到他家後，就沒消息了，我寫了二封信再確認，仍沒回應。到奧斯陸機場終於電話聯絡上 Host，總算鬆了一口氣。

　　Host 是畫景觀圖的景觀造型師，年輕時常出外勤到客戶處，現在已不須跑外面看現場構圖了。晚餐煮簡單的碎牛肉馬鈴薯，他希望我也煮一頓晚餐，我一口答應，我有帶咖哩塊，隔天晚上就煮咖哩雞，由他準備雞肉、洋蔥、馬鈴薯及胡蘿蔔等食材，我也樂於烹調，他頻説 So Delious（很好吃），吃了三大盤，還請教我如何烹煮？我説咖哩塊很重要，因我不喜歡辣的，都買蘋果口味的甜咖哩，剛好他也不喜歡辣的菜餚。

Host 煮的碎牛肉馬鈴薯

我煮的甜咖哩雞肉飯

Host 是單身貴族，因為他有工作，所以不太會做料理，都是自己簡單吃，所以各國旅行者來作客時，他都希望他們煮一餐，品嚐一下異國料理。另外，他也很重視健康，有健身運動，也愛吃水果，其實北歐的人不太吃水果，我們走到這裡是第三家 Host，也是吃最多水果的地方。我趁機介紹台灣是水果王國，熱帶水果如芒果、荔枝、西瓜、鳳梨等，這裡都很少見，他表示他去過中南美洲，那裡熱帶水果都有，但味道都偏酸。

Host 一早要上班，囑咐我們自助，在廚房煎荷包蛋，烤土司，吃蘋果、葡萄等，也給門鑰匙可以自由進出，另外也借我們乘車卡，可坐公車、捷運、船等等，讓我們非常方便，實在是很貼心。

我們計畫搭公車轉捷運到維格蘭雕刻公園及兩個博物館和歌劇院。

景點：維格蘭雕刻公園 (Vigelandparken)

維格蘭雕刻公園是占地 32 萬平方公尺的露天公園，有「212 件作品，600 多個雕像」刻畫人生百態的雕刻，是維格蘭畢生作品（1869-1943 年），入口有很多青銅像，而中央的白色「人生柱」高 14 公尺，使用花崗岩鑿出，整個柱有 121 位人生百態，非常顯眼壯觀。還有六個人扛著巨盆的噴泉，代表了人生不同階段。

景點：歷史博物館 (Historisk Museum)

　　博物館屬於奧斯陸大學，展出挪威人歷史，有第8至11世紀維京時期文物，石器、銅幣、衣物、武器、金飾等，還有正展出埃及木乃伊。票價每人80NOK（約台幣300元），還可使用在維京船博物館觀賞維京船，很划算喔！

景點：維京船博物館 (Vikingskipshuset)

　　坐巴士在 Vikingskipshuset 站下車。博物館在 1962 年落成，維京人在公元 800 年至 1070 年橫行北海和大西洋海域，18 世紀發現的三艘船是千年歷史的海盜船，是全世界保存最完整的，獨特的木工，還有 1 拉車和 3 雪橇，奧沙柏格號 （Osbereg）是最大船隻，815-820 年建造，1904 年在奧斯陸峽灣發現，是奧沙女王海葬船，已分解是成碎片，經重建成長 22 公尺、寬 5 公尺，可容納 30 位舵手，適合在峽灣行走，船首及船尾建造一樣是因為海盜掠奪財物後，不必掉頭，能夠直接很快逃離。

景點：奧斯陸歌劇院 (Opera Huset)

　　2007 年完工，並於 2008 年開幕的奧斯陸歌劇院，常舉辦許多音樂會、芭蕾舞、歌劇表演，其外觀是大理石建造，有整片斜坡、大片落地窗，設計感強烈，可以看到很多人坐在建築斜坡上曬太陽（10℃），歌劇院座落在挪威狹灣真的非常美。

挪威人很熱心，當我們東張西望或等車時，會上前笑臉迎人，主動問我們要去哪裡？很溫馨快樂的國家，這是我在奧斯陸的感覺。（2016年聯合國調查公布挪威是全球最快樂的國家排名第二，2017年排名第一）

Host在大學畢業後，沒帶多少錢就去中美洲旅行一年半，一開始在墨西哥遇到Servas會員，免費接待他吃住，他因為心懷感激，回國後就加入了Servas組織，開始當Host。他很喜歡和人接觸溝通，每月平均會收二、三位旅行者，轉眼也三、四十年了，真是佩服！

Host工作忙碌，所以沒有參加奧斯陸Servas會議，和其他會員也沒連繫，只有和當地秘書長有e-mail聯絡。我分享台灣Servas一年辦理四次活動，有年會、分享會，還會有國內小旅行，大家彼此分享出國接受招待，或接待來台會員的經驗。

雖然Host忙於工作，卻還是無私的接待會員，Tore值得我效法學習，讓我的心胸更寬大、更熱忱，將來願意幫助更多的旅行者，達成文化交流的使命。

旅遊資訊

※ 依當時匯率換算

芬蘭航空：芬蘭赫爾辛基→挪威奧斯陸
簽證：免簽證
時差：比台灣慢 7 小時 (-7)；夏令時間慢 6 小時 (-6)
匯率：挪威克朗 (NOK)：新台幣 =1:3.8；歐元：新台幣 =1:36；
　　　美元：新台幣 =1:33
奧斯陸歌劇院網址：www.operaen.no
維京船博物館網址：www.ukm.uio.no/vikingskipshuset
住宿：Servas host family

壯麗的挪威縮影一日遊（Norway in a Nutshell）
(2016.04.13)

在網路訂票參加挪威縮影，二人 344.3 歐元。一早到奧斯陸中央火車站拿車票，拿到的時候嚇了一跳，因為好大一本呀！票本內有五張票，工作人員很快的解說，短時間內要換火車、巴士、船，搞得我糊里糊塗，很擔心趕不及，但也只能跳上火車，慢慢來體會了。

第一段 奧斯陸 (Oslo) → 米達爾 (Myrdal)：火車 (8:25-12:59)

坐了 4 小時 36 分的火車，時間雖長，但還好火車上有免費 wifi 可打發時間。火車不斷爬高到 1,222 公尺，看到樹林、紅色木屋及白茫茫的積雪，車外雪景好美，車廂外 0℃，有些旅客下車準備去滑雪了。

第二段 米達爾 (Myrdal) → 弗拉姆 (Flåm)：高山小火車 (13:27-14:25)

在 Myrdal 停留 28 分鐘，轉坐高山小火車要 1 小時，號稱「世界最陡鐵路」，小火車從高山 866 公尺，下坡到 2 公尺山谷，中間火車停了 5 分鐘，讓遊客下車拍照科約斯瀑布（Kjosfossen，海拔 669 公尺），可惜此時四月瀑布仍然在結冰狀態。

第三段 弗拉姆（Flåm）→古德凡根（Gudvangen）：峽灣渡輪 (15:00-17:15)

　　停留 Flåm 35 分鐘，可以說是整趟旅行停留最長的時間和地點，可以吃中餐或逛街，也可看看免費鐵路博物館，博物館內陳列火車及機械零件提供觀光客參觀。

　　接著搭中型遊輪需 2 小時 15 分鐘，沿途坐船觀賞挪威第一峽灣 ── 壯觀美麗的松恩峽灣（Songefjord），先進入較寬的奧爾蘭 (Aurland) 狹灣，再到窄的納柔伊 (Nærøyfjord) 狹灣，最窄只有 250 公尺寬，有些遊客會餵食海鷗，讓好多海鷗群飛在遊輪旁，此時峽灣山上積雪相呼應，讓景色更美麗。

第四段 由古德凡根（Gudvangen）→佛斯（Voss）：巴士（17:25-18:20）

在 Gudvangen 停留 10 分鐘，轉搭巴士，約 1 小時，沿路峭壁，有瀑布，水量不多，有小村莊，有高山及森林，很漂亮。

第五段 佛斯（Voss）→卑爾根（Bergen）：火車（18:40-19:57）

佛斯停留 20 分鐘，Voss 有英文字大標誌及大湖，吸引人搶拍照，換火車到卑爾根，約 1 小時 20 分鐘，沿路是走山谷中的路，有船隻、湖泊，小木屋，美如畫。

沿路乘坐不同交通工具，停留時間短則 5 分鐘，長則 35 分鐘，到卑爾根已晚上 8 點，整整快 12 小時，這一日遊就是坐交通工具旅行，體驗搭乘不同交通工具，短時間內可以觀賞挪威的各種美景，高山、湖泊、峽谷、森林、峽灣、積雪，以及小木屋，不愧被稱為挪威縮影。

對忙碌的人或短暫想看完挪威風光的旅行者，實在是最好的方法，不用浪費時間排隊轉車，一本車票到底，真是值得。

旅遊資訊

挪威縮影網址：www.norwaynutshell.com

安全的挪威卑爾根 (Bergen Norway) (2016.04.13-14)

卑爾根是晝長夜短，所以即使已經晚上 8 點了，天空還是很亮。Host Monika 來火車站接我們，她是德國人，職業是語言治療師，在語文障礙中小學服務，而先生是挪威人，是一名老人醫學醫生，他們是在德國認識的。男主人剛好這二天出差不在家，他們育有三個女兒，分別是 13、15、17 歲。

挪威義務教育是 6-16 歲，小學的教育是「玩遊戲和學社交，學英語」、「不會打分數評量」，的確是很特殊的教育。到了初中 8-10 年級（13-16 歲）可選修一門語言，Host 會教導孩子，所以他們會四種語言 —— 德語、英語、挪威語及西班牙語。我鼓勵孩子學中文，小女兒說：「很想學，但學校選修中文只有一學期，不能繼續學中文，所以沒選中文課」，有點可惜，希望有一天學校中文課能增加至二學期，他們就可學中文，從小學語言的確比較容易。

城市之旅 (City Tour)

Host 當晚直接當 Day host，我們走路逛市區。卑爾根是 20 世紀前的挪威首都，當時很繁華。不過因為天色已晚，重要景點如 Fløibanen 纜車票亭、教堂、博物館等都已關門，我們也就只能看看外觀了。

景點：卑爾根大教堂 (Bergen Domkirke)

1811 年初建，多次遭祝融損毀，1880 年重建，800 多年的歷史，是當地人路德教派的信仰中心。

景點：漢撒博物館 (Det Hanseatiske Museum)

14-16 世紀德國地區漢薩商人來此經營鱈魚買賣，曬乾後轉賣各地，卑爾根因此加入漢撒同盟，這博物館是木頭房屋於 1702 年建造，是辦公室、倉庫及住家，也是卑爾根最古老的建築。

Host 晚餐準備了南瓜湯、沙拉和五穀餅，他們平日其實吃得很少，選擇的食材都是有機的，連麵包也是自製的，相當注重養生，還介紹我看麵包機及五穀食材。雖然我們沒吃晚餐，但中餐在弗拉姆下午二點半才吃，也不太餓，所以 Host 準備的餐食份量恰好，真材實料的南瓜湯很濃郁，健康的五穀餅也相當紮實。

第二天 Host 上班，孩子要上學，所以交代早餐我們自助，冰箱的東西皆可享用，全麥吐司、火腿及香蕉蘋果等水果。我們在此只短暫停留一晚，隔日輕鬆地享用早餐，覺得很放鬆，悠閒地收拾行囊，欣賞她漂亮的住家，從房間和客廳皆可遠眺卑爾根市中心，視野真棒！

Host 家有「太陽能發電」設備，汽車是法國電動車。因為挪威是無核家園，而卑爾根是靠「水力發電」，很安全的。台灣在核能建廢的議題上，政府民眾想法很多，爭論多年，挪威很值得我們參考。他們吃天然簡單的食物、過簡單生活，還交代我們隔天離開，門直接帶上不用鎖，治安十分良好，沒有小偷，環境既沒汙染又很安全。

Host 喜歡旅行，更喜歡交換家庭住宿，曾利用三週時間帶孩子去美國住，而美國家庭也來她家住，完全可使用對方的車、房間、傢俱、電器及用品等，真正體驗對方的生活，這種旅行方式我曾在電影看過，卻是第一次親耳聽到，還真有其事，將來我也可以試試這種旅行方式，一定很有趣！

旅遊資訊

纜車乘車處網址：www.fioibanen.com
漢撒博物館：www.museumvest.no
住宿：Servas host family

2016.04.14 — 16

Denmark

快樂的丹麥 - 哥本哈根

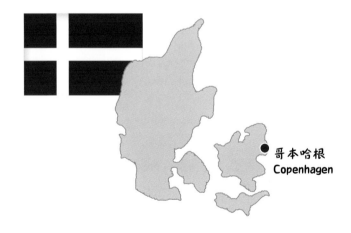

哥本哈根
Copenhagen

丹麥哥本哈根 (Copenhagen Denmark)
(2016.04.14-16)

寫了八封信都找不到哥本哈根的 Host，請 Host Help-Ingrid 協助，她說：「就來我家作客吧！」我們終於安心了。

女主人 Ingrid 是 Servas 財務長，據了解，哥本哈根的會員不需繳年費，因每年出國人數超過 200 人，只收出國須繳的介紹信郵票費用，就夠財務支出了，也經常辦理分享會。怪不得我找 Host 如此困難，原來 Hosts 都去旅行了。

女主人是雜誌記者，主攻勞工議題。她表示勞工工會權力大，有專業的職業如律師、工程師，年輕時繳稅多，年老退休金較多，原來國家規定 65 歲退休，現在已改為 67 歲才能退休。基本上每人皆有基本的退休金，其他因專業相異而高低不同，稅金雖很高，但社會福利好，她自己要繳 40% 的稅。想想我國人稅金繳的少，當然國家社會福利也不夠多，乃是當然的事了。

男主人 Bjarne 已退休 10 年，是丹麥某前總理秘書，陪總理去過中國、日本、越南、香港、馬來西亞等國家，他尤其強調在中國改革開放前，曾陪同總理出訪中國，當時和鄧領導人握過手。

他們育有三子女，五孫子女。男主人做菜很好吃，尤其是牛肉丸及雞肉蘑菇湯，晚餐喝點小酒，麵包及馬鈴薯為主食，點了蠟燭，很有氣氛。

　　白天我們去長堤公園看小美人魚，遇到中國重慶來的年輕夫妻，他們是教表演課程的大學講師，來這裡參加戲劇節，我們一起共遊哥本哈根。

景點：卡斯特雷特城堡要塞 (Kastellet)

　　17 世紀建造的卡斯特雷特城堡要塞 (Kastellet)，內有教堂、砲台，風車等，是軍事要地。

景點：小美人魚雕像 (Den Lille Havfrue)

　　小美人出自 1836 年安徒生寫的童話故事，1913 年時，高 1.25 公尺銅製雕像公開亮相，在長堤公園港邊岩石上，雕像真小，與媒體上看到的及心目中想像的美人魚有很大的落差，難免有些失望，但若不到此遊，卻遺憾終身。在欣賞美人魚雕像時，還遇到會説中文的年輕丹麥美女傳教，令人驚豔，在這行程之後，我們和中國年輕夫婦分道揚鑣，留下聯絡 Wechat，互道重慶或台北見。

景點：腓特烈教堂及皇宮 (Frederiks Kirke & Amalienborg Slot)

　　走到皇宮廣場，觀賞皇宮中午 12:00 穿著藍色衣服的衛兵交接，和倫敦白金漢宮比較卻是小巫見大巫，旁邊的腓特烈教堂，藍圓頂教堂是用挪威大理石造的，已 200 多年，反而富麗堂皇。

Ida Davidsen 餐廳

　　我們誤打誤撞走到位於菲特烈教堂後面街道的餐廳，才知此餐廳已營業 120 多年，第五代 Ida Davidsen 餐廳，以三明治聞名，訂位的人很多，還好有剩幾個位子。我們只點了雞和魚餐，以及咖啡，共付了 311.5DKK（台幣約 1500 元），雖不太便宜但還好很可口美味！

景點：遊運河 (Canal Tour)

　　新港 (Nyhavn) 有 17 世紀漆著淡黃、磚紅及淡藍色的磚屋，還有停靠港邊的高桅木船，我們坐水上巴士，遊2005 年建於運河人工島上的哥本哈根歌劇院 (Operaen)，外型好像戴了一頂學士帽。歌劇院對面是腓特烈教堂及皇宮，斜對面是 2004 年落成的丹麥劇場 (Skuespithuset)，覺得丹麥處處皆是現代設計感的建築。

　　無論坐船、公車或捷運，沿途問路，民眾都很熱心回答我們，有時還直接帶你去要去的地方，臉上經常掛著笑容。請問 Host：「丹麥為何是 2016 年全球排名最快樂的國家？」Ingrid 說：「人民稅金扣得很重，賺越多扣越多，到老了退休了，國家都負擔，沒什麼好擔心的，所以快樂過日子。」

　　聯合國從 2012 年起，每年會依據國內生產毛額 (GDP)、平均健康餘命、生活困境時的社會支持、免於貪汙的自由及慷慨捐款程度，列舉各國快樂指數，提出世界快樂報告。2016 年丹麥是全球最快樂的國家，挪威排名第二；2017 年公布挪威排名第一，丹麥第二，很幸運來這兩個國家旅行。台灣 2017 年 33 名，比去年進步 2 名，要再加油了。

景點：皇宮慶典

在哥本哈根的第三天是 2016 年 4 月 16 日，這天正是女皇瑪格麗特二世 74 歲生日，她很親民，受人民愛戴。女主人 Ingrid 帶我們去皇宮廣場參加慶典，皇宮廣場人潮比平日衛兵交接還要熱鬧得多，穿著紅色衣服的衛兵表演整齊帥氣，女皇及家人都現身揮手致意，民眾手持國旗高舉歡呼女皇萬歲。

男主人 Bjarne 開車在皇宮廣場外等我們，他不願意參加慶典，因為曾是政府官員的他，反對現存君主立憲制度，認為女皇的孫字輩太多人領月薪，是浪費納稅人的錢，造成國家財政負擔。

女皇生日慶典在人民的歡呼聲下完美的結束了。Host 送我們去機場，感謝他們的熱情招待及提供舒適環境。

這兩週頻頻藉由搭各種交通工具、認路、問路，以及先生的協助之下，英文溝通方面進步很多，對即將獨自自助旅行的我幫助非常多，放心了不少。接下來，要為自己加油，出發下一站波羅的海三小國之一拉脫維亞首都里加！

旅遊資訊

※ 依當時匯率換算

挪威航空 (SAS)：挪威卑爾根→丹麥哥本哈根
簽證：免簽證
時差：比台灣慢 7 小時 (-7)；夏令時間慢 6 小時 (-6)
匯率：丹麥克朗 (DKK)：新台幣 =1:4.95 ；歐元：新台幣 =1:36；
　　　美元：新台幣 =1:33
腓特烈教堂網址：www.marmorkirken.dk
皇宮網址：dkks.dk/amalienborgmuseet
Ida Davidsen 餐廳網址：www.idadavidsen.dk
住宿：Servas host family

第二階段 · 獨遊東西北歐

2016.04.16 — 20

第七站

Latvia

波羅的海三小國之二：

藝術的拉脫維亞 - 里加、猶瑪拉和希古德

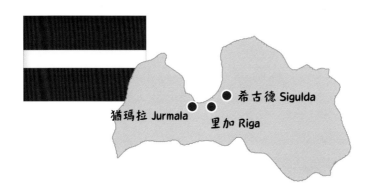

猶瑪拉 Jurmala　里加 Riga　希古德 Sigulda

拉脫維亞里加 (Riga Latvia)
(2016.04.16-20)

在網路訂搭波羅的海航空的機票，由哥本哈根到里加，需在網路辦理登機 (check in)，但我忘了它是廉價航空，在機場付 40 歐元行李費，飛行一小時半的機票費，也差不多。後來才搞懂，在官網上買機票 check in 時， 20 公斤行李費約 30 歐元，向其它代理商買機票 35 歐元，在機場付 40 歐元，波羅的海航空只有免費手提一小行李箱，飛機上連開水都要付錢，所以要注意每種廉價航空的規定。這次旅行，確實學到很多經驗，下一站立陶宛維爾紐斯，也搭波羅的海航空，就不會犯同樣的錯誤了！

拉脫維亞首都里加沒有 Servas host，在里加我網路訂三星飯店（四天三夜含早餐，晚餐才 135 歐元），但我現場加一晚居然要 62 歐元，學到經驗，還是網路訂房便宜。

旅館早晚餐常變化主菜，雞牛豬肉等，麵包、蔬菜、水果、咖啡、茶、果汁等自助餐，非常豐盛！以前我會在乎獨自吃飯，別人看你的眼光，現在很自在，因為有些男女也自己旅行，自己用餐、走路、坐車、逛博物館，我都主動向他們打招呼，陌生的旅客也親切回應我。

猶瑪拉一日遊 (Jūrmala)

第二天早上出門問路，巧遇也在找路的情侶，身高 178 公分，近 30 歲，Lieschen 為雜誌設計，Johann 是建築工程師，他們從德國左斯特城（Soest 是千年古城）來渡假，我們都想坐火車到猶瑪拉 (Jūrmala)，就結伴同行。

猶瑪拉是位於里加西方的城市，臨里加灣，火車約半小時到達（買來回票 2.73 歐元），是波羅的海渡假聖地，長長的海岸沙灘，延綿 32.8 公里，海水並不冷，但可惜沒人敢下水。聽說春夏季人很多，水上活動項目也很多，如風帆、滑水及遊艇等，還有很多飯店、渡假木屋及水療設施。

我們走入一家日本料理店，我點了一籠特別的茶食，有魚卵燒賣、黑色蒸餃等，餃皮很像水晶餃，但比較薄，價格適中（10 歐元）。我也和年輕朋友分享，並教導他們使用筷子，他們都覺得筷子很神奇，燒賣蒸餃也很美味。美女 Lieschen 加了我的臉書，要我寄照片給他們，德國女孩偶而會在我 FB 按讚或留言。

沒方向感的我，從猶瑪拉回里加，和帥哥美女在火車站分手後，想回旅館，沿路看一下景點，我居然迷路了！找不到旅館的我很焦急，沿路問了送披薩（Pizza）的男孩、有書卷味的年輕女孩、推嬰兒車的媽媽及中年夫妻等 4 人，經過他們的熱心指引才終於找到旅館，還好這次有帶旅館地址及地圖，真是謝天謝地，下次還是乖乖走原路回到旅館吧！

里加二日遊（Riga）

景點：拉脫維亞自由廣場 (Brīvības Piemineklis)

看見拉脫維亞自由廣場，有衛兵交接，中央的紀念碑是 1935 年人民捐獻蓋的，最頂端站立著一尊自由女神像，高捧三個鍍金星星，代表拉脫維亞三階段歷史。

景點：火藥塔 (Pulvertornis)

火藥塔是 14 世紀建的堡壘，歷經戰火，加瓦河 (Daugava River) 貫穿里加這首都城市，沿著運河兩側公園很美，不愧稱為東歐巴黎！

再沿着維瑪內斯公園走回旅館，公園外有一免費 wifi 亭，公園內也有免費 wifi，讓我很驚訝。

景點：貓之屋 (Kaķu Nams)

黃色房屋屋頂有貓雕像的貓之屋 (Kaķu Nams)，是很知名的最高建築，1909 年是德國富商委託設計憤怒的貓尾巴對準「大基爾特之屋」，報復他曾被拒絕加入德國富商團體「大基爾特」。

拉脫維亞自由廣場

加瓦河公園 & 火藥塔

貓之屋

景點：黑人頭之屋 (Melngalvju Nams)

黑人頭之屋（年輕商人有黑人頭的信仰，信奉黑人守護神 —— 聖摩里西斯，會所稱為黑人頭之屋），在二次大戰時，屋都倒了，惟有在市政廳與黑人頭之屋之間的羅蘭雕像（公平正義的法官），屹立不搖。

景點：拉脫維亞步兵廣場 (Latviešu Strēlnieku Laukums)

拉脫維亞廣場中間有高大暗紅色花崗岩的步兵雕像，象徵第一次世界大戰，曾對抗俄國皇軍的步兵團，他們是支持蘇聯共產黨前身，後來也成為蘇聯一支強悍部隊，名為拉脫維亞紅色步兵。

景點：新藝術博物館 (Art Nouveau Muzejs)

博物館就在旅館後面兩、三條街，走路約 15 分鐘。附近的民宅建築很特別，門牆雕刻上有面具、人像、花朵，裝飾相當華麗，里加法律大學也在這條街（Alberta）。是 19 世紀末，20 世紀初的自由創作，裝飾藝術及浪漫民族風，有近 800 棟建築，整條街看起來很有藝術感。

新藝術博物館內照相要加錢，包含門票共 5 歐元。其實這裡是私宅，有多個房間、臥房、客廳、餐廳、廚房、浴室等，還有像台灣的古時用的灶、痰盂，只是華麗許多。它是 1903 年拉脫維亞有名建築師 K. Peksens 所設計，當時就有中央暖氣和熱水供應。

在博物館遇到一位台灣女孩，在比利時打工渡假一年，假期快結束了，來周邊國家玩，覺得來國外一面工作學習，還可旅行，很值得。

黑人頭之屋　　　拉脫維亞步兵廣場　　　里加法律大學 & 新藝術博物館

希古德一日遊 (Sigulda)

　　第四天到里加東邊的 Sigulda 城鎮，坐火車 1 小時到達，唯一突兀的建築是新蓋的火車站，雖有免費 wifi，但和這古城格格不入。

　　想坐纜車到對面城堡及山洞國家公園，不料纜車也停駛，原來是週一公休，怪不得很多餐廳也沒有營業。這裡遊客稀少，我只好沿著馬路走走看看，拐杖公園和螞蟻音樂公園設計的很特別，很多媽媽、阿嬤推嬰兒車散步，教堂湖邊有人釣魚、年輕人溜滑板，看來這鄉鎮的人都很悠閒的過日子！

景點：希古德中世紀城堡（Sigulda Medieval Castle）

　　門票 2 歐元，賣票的有二人，只有我一位觀光客，蠻冷清的。我參觀 1207 年的古城堡，遠眺風景很美，可看到對面的城堡，只剩一些城牆，部分在維修，拉線禁止入內，我走一走就覺得有點恐怖，也沒敢爬上城牆樓臺。見到從丹麥開車來的 5 位中國學生放假來玩，也沒進去城堡，門口繞繞、照照相，算到此一遊。

　　我看到的拉脫維亞，有古堡、古城，公園幾乎是阿嬤帶孫子曬太陽，火車上的查票員，一車二位頻頻出現查票，不像北歐國家，充分信任你；中央火車站廁所要付費（0.3 歐元），但亭子、公園又有先進的免費 wifi，新藝術裝飾建築，現代與古典交錯在這國家！

旅遊資訊

※ 依當時匯率換算

波羅的海航空（Air Baltic）：丹麥哥本哈根→拉脫維亞里加
（拉脫維亞國家廉價航空）
簽證：免簽證
時差：比台灣慢 6 小時 (-6)；夏令時間慢 5 小時 (-5)
匯率：歐元 : 新台幣 =1:36
新藝術博物館：www.jugendstils.rig.lv
猶瑪拉網址：www.tourism.jumala.lv
希古德網址：www.latvia.travel/en/singulda
住宿：克拉麗奧酒店 (Clarion Collection HotelValdemars)：三星級飯店

第八站

Lithuania

波羅的海三小國之三：
美麗的立陶宛 - 維爾紐斯、考納斯
和特拉凱

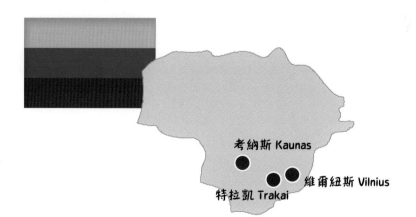

考納斯 Kaunas

特拉凱 Trakai

維爾紐斯 Vilnius

立陶宛維爾紐斯（Vilnius Lithuania）
(2016.04.20-24)

立陶宛維爾紐斯沒有 Servas host，我選擇住 airbnb，由歐美流行至韓日的 airbnb，房子有時有屋主住，有一、兩間空房，出租雅房或整棟公寓出租。我想初體驗所以就網路訂房，收 12% 服務費（五天四夜台幣 3,500 元），還要先傳個人生活照，寫下為何來住的原因，我回覆，是為慶祝自己 60 歲生日的環球之旅，這城市是其中一站，屋主

可以決定要不要租給你，所有留話內容都要經過 airbnb 的 e-mail 或電話簡訊，後來女房東問我會說英語嗎？我回答會一點，就租我了，這時才會給我詳細電話和地址，這是 airbnb 和一般旅館和青年旅館不同之處。

房東為年輕情侶是上班族，買房一年，已出租七個月，平均 15 天有一組人來住，是沒電梯的三樓雅房，衛浴廚房共用，但很乾淨整潔，他們準備了毛巾、洗髮沐浴用品、洗衣機。

到超市買食材、蔬果、雞蛋，煮炒飯，早餐也自己做，她們會準備調味料，米、麵、油、咖啡茶等，廚房隨意用，用完碗鍋，自行清理，有別於旅館，一切靠自己。

房東有準備公車卡給我，說不用秀給司機看，也不用在機器上刷，這城市真的信任人民，我這幾天上下公車也沒人問，也沒看到有查票的人。但公車上沒顯示下車地點，站牌也沒寫上所有地點，車上廣播站名，我又聽不懂，只好寫下站名，問隔壁乘客何時可下車，有些人不懂英文，馬上就轉給別人，下車後還帶我到巴士總站或在路邊指引

我方向，真是熱心。公車票要在票亭買，物價和台北差不多，凡此種種，只有自助旅行才能體驗！

　　總覺得有人等你回家，對遊子來說是好事，至少會關心你今天行程玩得開不開心、提醒你出門要帶雨具等。不過下次訂 airbnb，會選一樓，還有和我年紀相當的屋主，最好是退休的或家庭主婦，這樣更有時間聊天，更能了解當地生活。

　　雖是付錢租屋，但我看他們冰箱貼滿他們去各國旅行的造型磁鐵，我送給屋主一個台北 101 大樓的磁鐵，他們也知道台灣 101 大樓，回贈我明信片，也感謝我的光臨。

　　維爾紐斯（Vilnius）是立陶宛首都，南部有內里斯河 (Neris River)貫穿，所以城市有河很美，綠地也多。

景點：維爾紐斯大教堂 (Arkikatedra Bazilika)

　　維爾紐斯大教堂，是立陶宛的天主教主教教堂，蘇聯統治時代當倉庫，1985 年恢復教堂功能。

景點：國家博物館

　　博物館門票 2.9 歐元，學生及軍人都來參觀，有五層樓，大部分是 13-19 世紀的皇宮斷垣殘壁，還有壁畫、武器、瓷器、衣鞋等文物。

景點：蓋迪米諾山丘 (Gedimino Kalnas)

　　山丘上有 13 世紀城堡，小山丘可以俯瞰整個城市，景觀很棒，只是風很大，可坐纜車下山。

景點：聖安娜教堂 (Šv Onos Bažnyčia)

15 世紀建造的紅磚哥德式教堂，後來有重修，加了巴洛克式建築，就更特別了。

景點：黎明之門 (Aušros Vartai)

16 世紀建造的，是進入舊城南側的大門，也是維爾紐斯僅存的一座古城門。這城市和里加一樣並不大，值得看的都在舊城，里加比較現代化，而威爾紐斯比較純樸，我一路散步，感覺輕鬆、安心！

Forto Dvara 是本土知名平價餐廳，我點了「立陶宛肉圓」（7.8 歐元），內包豬肉餡，皮是糯米做的，我覺得吃起來像肉粽和肉圓的綜合體，旁邊的沾料，是偏酸的紅蔥頭加奶油。還點了有磨菇的麵包湯盅，嚐起來應該是南瓜濃湯，湯是很美味，但黑麵包部分是酸的，我起初還懷疑是酸壞了，但看旁邊的客人也點這湯卻吃得津津有味，看來是我多慮了，應該是每個國家城市都有其獨特的口味吧！

考納斯一日遊 (Kaunas)

　　維爾紐斯東北方臨鄰近城市「考納斯」是以前的首都，現是第二大城。從巴士總站坐車，車程約一小時半（票價 5.6 歐元）。和一旁的財經系大學生聊天，得知她家也住 Kaunas，她說立陶宛教育是小學到高中是義務教育，而大學則要付學費。我問她立陶宛的生育率，她不知道，馬上上網查到是 1.59%，我告訴她這裡生育率比台灣高，我國是 1.12%，是世界倒數第三，而新加坡殿後。

景點：聖麥可大天使教堂 (Sv. Archangelo Mykolo Rektoratas)

　　19 世紀建造的，圓頂白色教堂，很漂亮，是為了當時駐軍的俄羅斯士兵而建的東正教主教堂。

景點：康士坦丁納斯藝術美術館 (M. K Čiurlionis Valstybinis Dailės Muziejus)

　　M. K Čiurlionis 是生於 1875-1911 年（37 歲）的音樂家兼畫家，三歲就能彈琴，創作共有 250 首曲子、300 幅畫作，雖才華洋溢，但可惜英年早逝。工作人員正放他的曲子「The Sea」，我和一對夫妻帶小孩坐著聆聽，就隨音樂自由遐想，大海時而風平浪靜，時而波濤洶湧，時而狂風巨浪。也有展出其他畫家的畫作，色彩都很淡雅，呈現當時的畫風。（參觀門票 2 歐元）

景點：總統府 (Prezidentūra)

15 世紀是主教宮殿，1832 年重建完工，1918-1940 年主要的政治活動中心，總統府戶外庭園有總統雕像是以前的三位總統，象徵立陶宛政治歷史的演進。

特拉凱歷史國家公園一日遊 (Trakai Historical National Park)

特拉凱位於維爾紐斯西南方的小鎮，從維爾紐斯坐車只要半小時（票價 1.7 歐元），沿路都是美景，宛如進入童話世界，一下車看到湖泊，簡直美呆了，聽說它有 32 座湖，一時半刻也遊不完。

景點：島嶼城堡（Island Castle）

　　遠遠就看到一座紅磚城堡矗立在水中，在 Galve 湖上，由二座木橋連接橋邊，島嶼城堡完整，原為 14 世紀防禦城堡，但後來變成大公爵的官邸，17 世紀又廢棄。1962 年重建後，現在成為歷史博物館（門票 6 歐元），有很多文物可參觀，內有陳列陶器、中國青花瓷、傢俱、煙斗等。

　　在國家公園裡很熱鬧，有人在釣魚、有街頭藝人表演，也有租船的船東推銷著、凱萊特民族傳統食物 Kybyntar 的餐車叫賣著，我買了一個派餅嚐嚐，很像咖哩餃的皮，內餡有很多種，我吃的是豬肉洋蔥餡，簡單又美味。

　　美麗的國家公園，風和日麗、天氣晴朗，天上的白雲變化多端，隨你想像。這樣特別的美景真令人心曠神怡。

旅遊資訊

※ 依當時匯率換算

波羅的海航空 (Air Baltic)：拉脫維亞里加→立陶宛維爾紐斯（拉脫維亞國家廉價航空）

簽證：免簽證
時差：比台灣慢 6 小時 (-6)；夏令時間慢 5 小時 (-5)
匯率：歐元：新台幣 =1:36
長途巴士網址：www.busticket.lt
特拉凱網址：www.trakai-visit.lt
住宿：airbnb 出租公寓

2016.04.24 — 30

Poland

溫馨的波蘭 - 華沙和克拉科夫

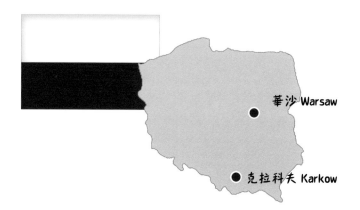

華沙 Warsaw

克拉科夫 Karkow

波蘭華沙（Warsaw Poland）
(2016.04.24-27，04.29-30)

Host Kasia&Marek 及小女孩 Aga 來機場接我，我在出口等了十分鐘都沒看到人，心裡焦急想要打電話時，女主人和女兒就出現了，並拿著「歡迎我」的立牌，原來是機場有二個出口，而我在另一個出口。

晚餐時間是下午四點，有一點早。男主人很喜歡做菜，他做了主食馬鈴薯泥，還有有點像台灣滷肉的豬肉，湯則是越南河粉湯，他表示自己常嘗試做異國料理。我答應他做炒米粉，我從台灣有帶來新竹米粉，問他是否有醬油？他說有，也令我蠻驚訝的！

女兒 Aga 九歲，小學三年級。他們國家的教育是從三歲幼稚園到高中都是免費，有教英文和波蘭文，她另外會一點西班牙語，因為他們曾去美洲旅行一年，讓孩子邊玩邊學西文，果然效果奇佳，可見行萬里路比讀萬卷書實際些。我送她猴年花燈，她高興得自己拼燈。

Host 家沒有多餘的房間也沒有 wifi，只能在客廳睡沙發床，一開始心裡有點不舒服、不自在，心想這裡怎麼那麼不方便。後來才了解，Host 以前是沙發客，認為 Servas 比較安全，才加入這組織。

吃完晚飯後 Host 當 Day host，帶我到市中心逛逛。女主人很熱心教導我坐車、換匯，我也買了二日票（一張 15 波幣，捷運公車皆可使用），物價算便宜，但捷運只有二條，沒有像公車那麼方便。沿路解說，還幫我規劃值得去的景點或博物館，Host 愛旅行，曾去過冰島，同時給了我冰島旅行的意見，雖然我初次自己面對 Host 家庭，英文不太溜，但他們讓我很輕鬆，一點都不緊張，感覺也很溫馨！

在華沙，我四天三夜除了 Host 導覽外，還安排前往圖書館、宮殿、兩個博物館，以及舊城區，希望能更了解這裡的歷史。

景點：華沙起義紀念碑 (Pomnik Powstania Warszawskiego)

華沙起義紀念碑是紀念 1944 年 8 月 1 日延續 63 天的華沙血戰，為爭自由，驅逐納粹德軍及俄軍，犧牲了波蘭 20 萬人，紀念碑 1989 年揭幕。

景點：波蘭戰場教堂 (Katedra Polowa Wojska Polskiego)

在華沙紀念碑對面的波蘭戰場教堂是軍人做禮拜的教堂，門口的船錨和飛機螺旋槳是代表向水手和飛行員致敬之意。

景點：薩斯基公園 (Ogród Saski)

薩斯基公園是 18 世紀國王奧古斯特二世依據凡爾賽宮設計，為華沙第一座公共公園，有噴泉及各種花草樹木。2010 年為紀念蕭邦 200 歲冥誕而設計了長椅，有 15 處關於蕭邦的地方設計按鈕，按下即出現蕭邦音樂曲目，還在勝利廣場有無名英雄塚，有衛兵站崗及交接儀式。

景點：皇家城堡 (Zamek Królewski)

將首都從克拉科夫遷至華沙的齊格穆特三世曾經住在此地，舊皇宮是最華美的皇宮。二次大戰時被德軍摧毀，1971-1984 年重建，現為博物館，收藏歷任皇家寶物。

景點：城堡廣場 (Plac Zamkowy)

城堡廣場中央有一根 22 公尺高的石柱，柱頂有一手持十字架的雕像，是西吉斯慕都斯三世 (Sigismundus Vasa)，1573 年他決定將首都從克拉科夫遷到華沙，1644 年他兒子為他立雕像，經二次大戰，戰火打碎石柱，但雕像還在，四年後市民再打造新石柱，佇立雕像，現在是華沙地標！

皇家城堡

華沙地標

薩斯基公園

薩斯基公園

景點：華沙起義博物館 (Pomnik Powstania Warsawskiego)

　　為紀念 1944 年 8 月 1 日起 63 天一段爭取自由獨立，對抗納粹德軍及俄軍的血淚歷史，華沙變成廢墟，死傷 20 萬波蘭人，很多是十幾歲的年輕人，有影片、有 3D 電影、有自述影片、武器等，看了很心酸也很悲傷，心情很沉重，希望別再有戰爭，和平就好。

景點：文化科學宮殿 (Pałac Kultury I Nauki)

　　樓高 37 層，高度達 234 公尺，在火車站附近，是華沙的指標建築，只能到 30 樓，視野被網狀鋼絲擋住，我向 Host 介紹台灣的 101 大樓景觀視野更佳。

景點：蕭邦博物館 (Muzeum Fryderyka Chopina)

　　蕭邦 (1810-1849 年)，1830 年前往維也納演奏，發生俄國人入侵，此後沒有再回波蘭，以法國為居住地，一生以波蘭人為榮。

　　為紀念蕭邦，收藏蕭邦彈奏最後使用的鋼琴、琴譜，他環球演奏的樂器與相關物品，共 2,500 件相關資料和照片，現以 3D 設計門票（票價 22 PLN），可觸控聽音樂或影片說明，我陶醉在名曲的音樂中。

景點：華沙大學圖書館 (Biblioteka Uniwersytet Warszawski)

　　1816 年華沙大學創校，1999 年主校區新圖書館建成，是有名的綠建築，屋頂空中花園，是歐洲最大，可遠眺波蘭最長的河流維斯瓦河 (Wisla)，可惜冬天花樹枯萎，春天還沒到來。

景點：舊城廣場 (Rynek Starego Miasta)

　　華沙舊城廣場又稱「市集廣場」，中央的美人魚雕像傳說是被壞人捕捉的人魚，經華沙漁民相救，為報答救命之恩，就守護這城市，美人魚雕像就是華沙精神象徵，四周流出活水，象徵繁榮。

旅遊資訊

※ 依當時匯率換算

波蘭航空 (Polish airlines; LOT)：立陶宛維爾紐斯→波蘭華沙
簽證：免簽證
時差：比台灣慢 7 小時 (-7)；夏令時間慢 6 小時 (-6)
匯率：波蘭茲羅提 (PLN): 新台幣 =1:8.4；歐元：新台幣 =1:36；
　　　美元：新台幣 =1:33
蕭邦博物館網址：chopin.museum
華沙起義博物館：www.1944.pl
住宿：Servas host family

台灣菜 PK 波蘭菜

　　男主人煮了有名的波蘭菜，一道 Bigos，酸菜炒香腸（其實是高麗菜，有點像德國豬腳的配菜，可炒任何肉類）；另一道是 Kopytka，很像韓國年糕（是用馬鈴薯、麵粉、蛋製成，不會辣），還有買的波蘭傳統甜點 ── 草莓冷起司蛋糕（cold cheese cake），比起司蛋糕好吃，還有像可頌，外有白糖、內有草莓等的 Rogalk；最後是實心甜甜圈 Paczki，有大、有小，也可包餡，我真是有口福！

　　我則炒新竹米粉及玉米濃湯，請男主人準備雞或豬肉、蛋、胡蘿蔔、洋蔥、高麗菜，他們的高麗菜雖很大顆，但纖維很粗。吃了炒米粉後，波蘭一家三口頻頻說好吃「So Delicious」，沒吃過那麼好吃的台灣菜，男主人說我可以在此開餐館，真是愛說笑。

酸菜炒香腸 & Kopytka

我的炒米粉 & 玉米濃湯

Rogalk、草莓冷起司蛋糕

Paczki 實心甜甜圈

波蘭克拉科夫 (Kraków)
(2016.0427-29)

女主人 Ewa 在克拉科夫大學教英文，一年後退休，男主人 Andrzej 教日文，退休六年了，是語言學家，精通日、英、德、西班牙文，也到過中國二次，大學時學過中文，女主人會一點點中文。

出國前先生說：「你英文不強，真敢去教授家住？」我說：「只要有 Host 願意接受我，我就去。」，我真是勇氣十足，其實就是台語說的「憨膽」啦！

女主人煮了傳統波蘭菜，濃湯是香腸、馬鈴薯、洋蔥、胡蘿蔔熬的，有點鹹，飯後傳統的栗子餡蛋糕，他們說平日是一天二餐，早餐九點，晚餐是下午二點，晚上八點是宵夜「他們為我改變作息」，好感動。

隔天晚上女主人要工作到十點，只有我和男主人對坐晚餐，是簡單宵夜，真的有感受到一點壓力，起初我談波蘭食物，他則談貨幣的事，對我來說用英文表達貨幣（Currency）有點困難，後來我用寫字，帶查網路字典才了解，氣氛稍僵，他說：「你來住 Servas 家，沒準備好？」我回說：「我是新會員第一次出國住 Host 家，我準備得比較不足，請見諒，每個人都有他的專業，談自己的專業或食物也是文化交流。」

後來我轉移話提到中文書寫的事，男主人說：「曾在大學修中文，去過中國旅行，還跟旅館人員為住宿討價還價，很有趣」我說：「您真是太厲害了」，我們氣氛才開始變輕鬆，我帶來「天燈吊飾」紀念品，並解釋天燈上寫的中文「金運招來」的意思，後來才相談甚歡，頓時我鬆了一口氣。這次旅行下來，讓我知道男女想要了解的異國事務，真的不大相同，而且出國前還是要準備多種議題。

男主人説：「妳的感謝信請用中文寫，並用中文 e-mail 給我，我要好好研究中文字及含意」，這際遇很有意思，真是有別於其他國家的 Host。

Host 女兒已婚，兒子在別的城市讀書，他們很熱心指導我如何參觀景點及坐車，女主人要上班，男主人帶我去票亭買車票，我第一次看到「20 分鐘」車票（票價 2.8PLN，上車轉乘到下車，只能使用 20 分鐘），我搭巴士再轉電車，下車的時間是足夠的，車票第一次使用，要上車刷一下，還帶我去參觀買肉的商店，有賣各種生鮮肉，都有玻璃櫃冷藏，看起來很衛生，其他食物在超市購買。

在克拉科夫是我第二個獨自面對的 Host 家庭，從剛開始有點緊張的場面到談笑自如，都不是我預期的，對我來說是很特別的經驗。

旅行中，我喜歡參觀快樂的景點，所以安排逛市中心，以及歷史悠久的地下鹽礦場，至於令人悲傷的奧斯威辛集中營就留白吧！

景點：克拉科夫市中心

克拉科夫曾是 11-14 世紀波蘭帝國的首都，現為波蘭第三大城。首先經過中央火車站到古城門，是 14 世紀初建的，再經過建於 14 世紀赫赫有名的聖瑪麗教堂（Kościół Mariacki）。很多國家參觀教堂要收費，在波蘭教堂是不收費，靠捐獻支應開銷。

景點：中央市集廣場 (Rynek Glówny)

　　中央市集廣場中央的雕像是 18 世紀波蘭愛國詩人 —— 亞當米凱維茲（Adam Mickiewicz），至今仍矗立不搖，旁邊有市政廳鐘樓，原是市政廳一部分，1820 年拆市政廳，留下鐘樓，人潮湧入鐘樓旁邊的紡織會堂建築內，它是 14 世紀用來交易紡織品，現有賣些紀念品及手工藝品，我遇到台灣團，因下雨沒地方去，大家努力採購中。

景點：維利奇卡鹽礦（Wiellczka Kopalnia Soli）

　　在中央火車站坐巴士（25 分鐘）去參觀維利奇卡鹽礦，Host 說我參加波蘭導覽團（55PLN，要照相加 10 元共 65），英文團太貴，先借鹽礦書籍我看就會了解，英文團解說二、三小時，沒耐心也聽不太懂，真幫我省錢又很了解我。到現場才了解 Host 苦心，參加英文團買票就要大排長龍，又貴 20 元 PLN，其實同團的也有歐美不懂波蘭文的旅客混進來的。

　　鹽礦場是從 10 世紀採礦到 20 世紀，導遊是約 70 歲的先生，首先約 20 人下木樓梯，很擔心我的膝蓋承受不了，到達地底六、七層，經過很多通道，沿路繼續往下走有 26 個鹽礦，這裡有鐵軌，所以之間相互連接得彷彿迷宮，鹽雕有人、馬雕像，車、模具、製鹽過程，還有鹹水湖。鹽礦區都標示著不同的年代，最後到了吊著水晶燈的大禮拜堂，有很多小朋友也來參觀，其中「耶穌最後晚餐」、「教宗雕像」也是岩鹽雕成的，精細逼真，還有設計燈光秀供旅客觀賞，很用心。

出場也是要人帶領，否則會迷路，坐上只能容納 10 人的電梯，由地底上來有 10 層樓高，其實鹽礦總深度 327 公尺，我們沒參觀那麼深處，只到 135 公尺就已經覺得很有壓迫感了，更何況是鹽礦工人，長期在深層的地底下工作，箇中的辛苦可想而知。從地底上來後，我才終於鬆了一口氣。

　　離開華沙去克拉科夫，Kasia 幫我上網買到便宜 IC 火車票（Inter City），票價 49PLN 且有免費 wifi 的四人包廂，由克拉科夫坐火車回華沙車站，回程火車票較貴些（61PLN），下火車轉坐機場的火車，有點累，想說要直接坐計程車到機場旅館，服務員說有接駁車，但我一直等不到車，我打電話給旅館都沒回應，乾脆坐計程車，另一帥哥服務員幫我打電話，10 分鐘後車子來了，真是熱心服務。

　　華沙四星級飯店住的方便、早餐豐盛，又有接駁車去機場（一晚 209 PLN）、服務一流、物價便宜，因此對波蘭又多些喜歡，是我想再重回的國家。

旅遊資訊

　ＩＣ火車：波蘭華沙→克拉科夫→華沙
火車網址：www.intercity.pl
維利奇岩礦網址：www.kopalnia.pl
住宿：Servas host family
　　　華沙奧肯切機場酒店 (Hotel Airport Okecie)：四星級飯店

2016.04.30 — 05.06

Iceland

夢幻的冰島 - 雷克雅維克、金圈
和冰灣市

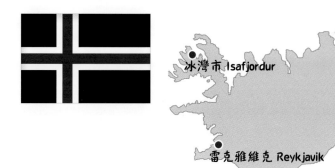

冰灣市 Isafjordur

雷克雅維克 Reykjavik

冰島雷克雅維克 (Reykjavik Iceland)
(2016.04.30-05.06)

由華沙飛到冰島首都雷克雅維克市（Reykjavíkborg），終於來到了這個夢幻國度！坐機場巴士抵達民宿，沿路風光明媚，民宿主人是一位中年男子，房舍有兩層樓，屋主把房子打掃得很乾淨，該有的設備都有，3 晚刷卡 105 歐元。

冰島 Servas host 只有兩位，一位是「農夫」，沒有電子郵件信箱，只有電話可連絡；另一位是中小學「老師」，出國前二個月連絡，她覺得很不尋常，我怎麼會想去她家？因為她家離雷克雅維克 500 公里，說我不會有興趣的，到雷克雅維克再通知時間還來的及，所以一直沒定案，但我心裡想去這冰島遙遠的西北冰灣市（Ísafjörður），所以一到雷克雅維克，就先去電給農夫，但他沒空。只好打給老師，她說現在沒巴士，只有飛機，來回也要 3,2925ISK（台幣約 8,652 元），臨時買機票當然比提前買貴 3,000 元，但總算塵埃落定。

冰島金圈一日遊 (Golden Circle)

冰島地廣人稀、交通不便，只好跟團一日遊。就由金圈之旅開始，旅費 10,500ISK（約台幣 2,700 元），包含接送、國家公園門票、英文導覽等。首先到一個「有機蕃茄園」，很多人都沒吃早餐，我也是。所以點了碗熱蕃茄湯及一大塊麵包，我選的麵包有點像雙胞胎，吃起來不油膩（1,000ISK），而且很有飽足感。

認識來自「英國愛丁堡」一家人（有姐姐、妹妹和女兒），妹妹在銀行上班，大學時學過中文，但久沒使用，很快就忘光了，我曾去過愛丁堡，很快我與妹妹在車上就聊起來了。

景點：間歇噴泉（Geysir）

溫泉 5-10 分鐘就會噴發，平均高度約 15-30 公尺，「80-100℃」，很熱很危險，周圍都有拉繩索警示，在 18 世紀就存在，我們看到最大的噴泉，可噴 80 公尺高，連續噴了三次，越噴越小很好玩，同一地方大概有 20-30 個小噴泉。

景點：黃金瀑布（Gullfoss）

「黃金瀑布」是冰島第二大瀑布，呈階梯斷層狀瀑布，是 Hvita River 及 Langjokull 冰河匯集處，水量豐沛壯觀，水花四濺，遊客興奮得尖叫。讓我想起巴西及阿根廷的「伊瓜蘇瀑布」，黃金瀑布顯然是小巫見大巫！

景點：辛格偉德利國家公園 (Singvellir National Park)

辛格偉德利國家公園沒有特別美麗的自然風景，但卻是「歐亞及美洲版塊」的分界，踩在北歐土地，也到了美洲，這裡是冰島國會舊址所在地，西元 930 年在此舉行「世界首次人民會議」，1944 年冰島特選此地宣布脫離丹麥統治，是有歷史價值的公園，2004 年成為世界文化遺產。公園入口有一斷層，是玄武岩柱，沿路走都是深黑色岩石，還有經過冰島最大湖 Singvellir Lake，可惜結冰沒水。基本上冰島雖然觀光客很多，還好沒有被污染，維持著自然景觀狀態，是超美的國家！

雷克雅維克市區一日遊

　　民宿到市中心的公車半小時才一班，我想自己搭公車一遊，因為走路真的太遠了。車來了，是一名女司機，她說車票 420ISK（台幣約 100 元）不找零，我沒有 420ISK，只好直接往錢箱投入 500ISK。

景點：哈爾格林姆教堂（Hallgrímskirkja）

　　1986 年全部建築完工、高 73 公尺的白色建築是冰島第一大教堂，外觀像冰島火山，有人說像飛彈、太空梭，是柱狀玄武岩。裡面剛好有人彈奏，牆壁上有 5,275 根風管的管風琴，果然不同凡響。登塔上 8 樓需買票（900ISK），景觀很棒，能眺望全市。

景點：提約寧湖（Tjörnin）

　　「提約寧湖」，有好多鵝鴨悠游、海鷗飛翔，旁邊有個教堂、國家美術館，還有特殊設計在水中湖邊的「市政廳」相呼應，美到真是無法用筆墨形容，只能親身體驗，很慶幸能到此一遊！

景點：哈帕(Harpa)音樂廳

　　2011 年落成，是現代藝術建築，也是世界知名的音樂廳，其設計家「Henning Larsen」和丹麥哥本哈根歌劇院設計師是同一人，這是他和當地設計師共同完成的。建築構造是幾何圖形的玻璃板組成，冰島的建築真是處處藝術味濃厚。一樓有飲食及販賣部，這裡面臨海港，一旁的舊港灣有船隻停泊，遠處還有白雪覆蓋的埃西亞山（Mount Esja），實在是美到極致。

　　民宿主人介紹一家平價餐廳，我嘗試從未吃過的鯨魚肉，口感很像烤牛排，肉質軟嫩、無筋無刺，很美味，是今日特餐（2,400 ISK）算便宜。前一天在超市買雞肉便當1,460 ISK，壽司一盒 1,160 ISK，可頌麵包 320 ISK（台幣 80 元），物價也不斐。

　　結束旅行後，民宿主人兼計程車司機，送我到國內機場，先到在巴士站買藍湖泡湯券，三天後從冰灣市回來時可以去泡湯，買券時的暫時停留時間，計程車照樣跳錶加成（3,500ISK 車費）。

　　不幸因風雪停飛冰灣市，冰島航空安排我到旅館住一晚，吃晚餐及早餐，隔天早上七點再通知我有無飛機，真是糟糕，已約好去 Host 家，晚餐我也沒有胃口，只希望一切順利，我還有後面的行程，不可能續留冰島，只能說計畫趕不上天氣變化！

冰灣市（Isafjordur）
(2016.05.04-05)

　　早上八點飛機，在機場遇到一位女心理師，她是住在雷克雅維克的智利人，正要去冰灣市工作，飛機順利到達之後，大家共乘小巴計程車到市區，心理師幫我聯絡 Host，我在飯店等她來接，這間飯店寄放行李不收費，免費 wifi 也讓我使用，因為要等 Host 下班，下午 4:30 才能來接我，這裡真是有人情味。

　　這段時間只好閒逛冰灣市（Ísafjörður），冷到手都凍紅，1℃，聽說前一天還有飄雪，所以海灣配上皓皓白雪的山景，風景美不勝收，不常見到下雪的我，儘管氣溫低冷，也覺得非常值得。

　　冰灣市的人煙稀少，人口數約 2,800人，因此在路上幾乎沒見到什麼人，只有少數來去的車子，我走著走著意外地看到了公車亭，一會兒公車就來了，標示著 Host 家
Flateyri，這是臨近的小鎮，怪不得 Host 要來接我。冥冥中我好像一定要見她似的，真是萬里尋她千百度，那人卻在燈火闌珊處！

　　走到教堂，門卻關了。教堂的一旁有墳場，我看著突然悲從中來，流下眼淚。想念起過世兩年的媽媽，不知在天上可安好？您可知道我現在獨自正在遙遠的國度嗎？可知道我在冰天雪地孤獨地走著嗎？媽媽生前十分活躍，在我小的時候她就當了民意代表，非常忙碌。我和媽媽的感情很疏離，前幾年我帶媽媽去北越、馬來西亞等地旅行，那

是母女二人度過最快樂的時光，也是我最懷念的日子。所以出國感到孤單時，最常想起的，就是媽媽。

走著走著，經過捕魚人雕像，再走到圖書館卻也關門，路上幾乎沒人，其實有點可怕。不過遇到有位好心的路人帶我去冰灣市公園走走，紀念碑是一根巨大的縫衣針，還有鯨魚下巴骨做的標誌，寫著這城市「ISAFJORDUR」，這位路人貼心的舉動溫暖了我悲傷的心情！

氣溫越來越低，到了零下 1℃。我的手變得紅咚咚，好像快凍傷了！糟糕，手套放在行李箱！心臟緊縮、手發抖、臉皮跳，真的快凍僵了，這時的我又餓又冷，心想：我怎麼會到這種冰天雪地荒郊野外的地方？是什麼力量帶我來到這？難道是執著？

為了避免真的凍僵，便趕緊開始找餐廳，但是幾乎都沒開門。總算找到了一家開著暖氣的餐廳，頓時安心不少。我點了鮮魚蝦湯和麵包，這裡的鮮魚蝦湯是用奶油、牛奶，還有香料熬煮

而成，非常鮮甜。吃著熱騰騰的食物，雖然不便宜（約台幣 446 元），但頓時全身也暖和起來。此時又見到那位心理師進來，這個小鎮很小，一般旅人鮮少造訪，而我們居然見了二次面，真是有緣。想想幫助我的人真多，好感恩！

冰島的住宿家庭

終於見到 Host Edda，在這遙遠的國度，冰島西北方，從雷克雅維克國內機場飛行 40 分鐘，等她 8 小時，Host 開車來飯店接我，我們彷彿似曾相似，見到面一點都不感到陌生，由 Isafjordur 開車 20 分鐘，經過隧道，還要讓對方的車先行，突然出洞口，一片白雪讓我眼睛睜不開，好像要撞上雪山似的。終於到 Flateyri，小鎮居民僅 200 人，只有一所國小兼國中。

我的房間窗口因為對著雪山，景觀真美。
Host 家有二位客人早就在家中等候，原來是好
友聚會。她們每週來織毛衣、聊天喝茶、固定聚
會，我拿出台灣鳳梨酥請她們品嚐，她們頻說好
吃。有一位織嬰兒衣服，有一位織襪子，Host
織自己毛衣，二位朋友已織成專業。Host 平常
晚餐吃很少，只有準備胡蘿蔔、馬鈴薯和南瓜熬
煮的蔬菜湯，味道濃郁，沾著麵包吃也很健康。

飯後她建議我出去散步看看美景，這裡晚上 11 點才會漸漸天黑，
一出門正飄著小雪，我開心歡呼，拿手機錄
影，對鮮少見到雪的我來說很幸運，這裡面
山又面海，真是好地方！還有一紅色小教堂
映入眼簾，雖然下雪很冷，還是頻頻拍照深
怕錯過這個夢幻國度。路上沒人，僅幾部車
經過，還有些灰色房子（Host 說是渡假屋，外國遊客會來住），經過
前面有籃球架、後面有遊戲場、一棟教室，這就是 Host 服務的中小學。

沿著海邊走，大岩石擋住海，此時只聽到海浪聲，我開始自言自
語，這是我第一次與自我內心對話：「為何千里迢迢的來到這陌生又
遙遠的小鎮？是為了追求平靜的心？為更了解自己內心世界？還是為
了見 Host ？」，我也祈求上天保佑我的旅途平安順利快樂！

冰島居民 6-16 歲是義務教育，小學國中都是同一所學校，公立大
學也是免費。另外冰島和台灣相同，結婚後不冠夫姓。Host 接待各國
Servas 會員已 15 年，有人來此地覺得太荒涼、有人覺得很棒。她最
近很忙，而我是今年第一位客人，看來我很幸運喔！

她是德國人，在科隆讀大學，放假時間她則當義工導覽，剛好我
第一次自己自助旅行是去德國，第一站就是科隆，聊聊科隆大教堂及
當初自己去旅行很害怕的事。Host 已定居二、三十年了，就是因為愛

這裡的山水才留下來，一直保持著單身，屋裡牆上掛著姐姐的兒女照片，她每二年回去德國一次，隔一年家人會來渡假，我們話匣子一打開，聊也聊不完，這就是我千里迢迢來相會的緣份。

隔天早上 Host 送我到機場，準備搭機回雷克雅維克，沒想到飛機來了卻無法降落，眼睜睜看著它飛回去，又等了 8 小時到傍晚。經過冰島航空二次因風雪誤點，飛機延班超久，只能說是上天保佑，我很幸運，一切還能依計畫，隔天一早趕上英國航空，飛到下一站盧森堡。

這次的經驗讓我知道，以後在安排國家或城市之間的班機時，要多留幾天時間，接得太緊密容易因誤點趕不上飛機，廉價機票或促銷機票是不能退票或換票，會損失慘重。唯一遺憾是冰島藍湖泡湯券無法退票。無論天災人禍，皆有嚴格退費政策，若沒在 24 小時前通知，都不能退費，說實在因天候不佳、飛機不飛，我事前不知也無法預測。

冰島國內機場交通不便，只好由國內機場坐計程車去民宿住，隔日離國際機場比較近，方便搭機至盧森堡。沿路人煙稀少，40 分鐘跳表價 17,500 ISK（台幣 4,600），民宿一晚也要 2,000 元台幣，藍湖泡湯券是 9,700 ISK（台幣 2,550），機票要價 33,300ISK，雖荷包失血，但能與 Host 見面，還是不後悔。後來我都建議朋友到冰島一定要租車，比較划得來。還要注意冬天很多巴士及船會停駛。在雷克雅維克國際機場，買一根香蕉花 200 ISK（約台幣 50 元），冰島物價真是歐洲最貴。

旅遊資訊

※ 依當時匯率換算

沃奧航空 (WOW)：波蘭華沙→冰島雷克雅維克（廉價航空）
冰島航空 (Iceland)：雷克雅維克→冰灣市→雷克雅維克
簽證：免簽證
時差：比台灣慢 8 小時 (-8)
匯率：冰島克朗 (ISK): 新台幣 =1:0.26；歐元：新台幣 =1:36；
　　　美元：新台幣 =1:33
金圈之旅網址：www.travelreykjavik.com
住宿：Servas host family
　　　Guesthouse Hega Reykjavik：民宿
　　　Bernhard Bed and Breakfast：民宿

Luxemburg

富有的盧森堡 - 盧森堡市

● 盧森堡市 Luxemburg City

盧森堡市（Luxemburg City）
（2016.05.06-08）

由冰島克雷雅維克經倫敦希斯洛機場（Heathrow Airport）轉機至盧森堡首都──盧森堡市。Host Susanne&Tobis 夫妻來機場接我，立牌上展示我的「中文名字」，好感動！對陌生的國度，其實我是有點緊張，表面又要保持鎮靜，一路下來，有 Host 的國家，彷彿吃了定心丸，尤其是每次到達一個新的國家，我最擔心焦慮的是第一天在哪裡落腳？是旅館？是 Host 家？是搭計程車？機場巴士？還是有人接機？當然有人來接機，是最令我安心的。

盧森堡時差比冰島快 2 小時，到機場時已近晚上 9 點，所以 Host 晚餐只準備簡單的沙拉、麵包，女主人是大學物理教授，男主人是電子工程師，沒有孩子，二位主人工作很忙，假日騎腳踏車，或在庭院除草，有空就會接待 Servas 會員。偶爾和朋友打中國麻將，讓我好驚訝！

Host 是德國柏林人，9 年前來工作後定居，沒有盧森堡國籍，剛好我也去過柏林，聊聊五大博物館、柏林圍牆，很有話題。我送鳳梨酥外，還有一木製台灣島形鑰匙圈，一邊印著國父相片，一邊鑲著一元硬幣，他們有興趣的是「國父」，還有我們和中國之間的關係，我提及目前有經濟、教育、就學及就業等民間往來。這是我這趟旅行第一次和 Host 談政治的事，有些外國人會有興趣，想去了解關心，所以旅行者也要準備有關政治議題。

我準備市中心一日遊，男主人 Tobis 帶我去坐公車，上車時我問司機：「市中心多少錢？」司機説：「假日免費」，我大聲歡呼好幸運！我在 Monterey 下車。

景點：盧森堡市公園

我走進一處綠意盎然的「盧森堡市公園」，當時氣溫是 22℃，好熱，換上短袖，我在冰島因零下 1℃的氣溫下，得了「小傷風」，現在因天氣暖和，已不藥而癒。公園有噴泉、涼亭，有兒童遊樂設施，坐在草坪上曬太陽也舒服，我好像有重見陽光，好溫暖的感覺。

景點：皇宮廣場及市政廣場

皇宮廣場有很多遊客，周邊有餐廳，還有賣碗盤、娃娃、皮包的小攤販等，假日有露天音樂演奏會，提供遊客觀賞，我也樂在其中。市政廣場有市集，賣鮮花、蔬果、小吃，我也買了醃魚海鮮、蕃茄，一點點東西 10 歐元算貴，在石階上和小朋友聊天，他是來自比利時，假日和家人來盧森堡市玩。

盧森堡面積 2,586 平方公里，雖然人口只有 52 萬 4,000 人，卻也是世界最富有的國家，GDP 約近 10 萬 5,000 美元，是台灣的 5 倍，當然物價也貴。

景點：貝克要塞 (Casemates du Bock)

　　連接新城和舊城的阿道夫橋（1900-1903 年建造，153 公尺長），是石砌拱門橋，非常美麗。貝克要塞有 1,000 多年歷史，曾是軍事要塞，後來陸續拆除，1994 年已列為世界遺產，由上往下只見一些斷垣殘壁，俯看阿爾澤特河（Alzette River 發源於法國，全長 73 公里），繞著小鎮，橋下有尖塔的房屋是聖若望教堂。

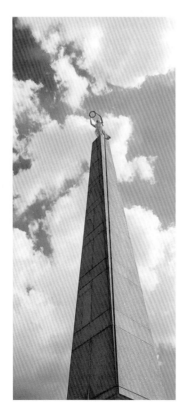

景點：憲法廣場 (Place de la Constitution)

　　憲法廣場的高塔紀念碑，1923 年建造，是為悼念第一次世界大戰犧牲的士兵而建，上面有一座金色勝利女神雕像舉著桂冠，象徵著將榮譽獻給這個國家，又稱 Golden Lady 紀念碑，是最高的市標，1935 年修復，常有人獻花致意。

景點：聖母大教堂 (Cathedral Nortre-Dame)

　　建造於 1613-1621 年，是天主教堂，內有彩繪玻璃，供奉聖母瑪利亞。

結束盧森堡市中心一日遊，跳上免費公車，怎麼又見到早上的同一公車司機先生，我說我們又見面了，真有緣，他居然記得我，再次感謝他讓我免費搭公車回家，渡過完美的一天！

盧森堡飛至阿姆斯特丹，只要 1 小時，Host 送我到機場，雖然在她家都吃素，但他們不是素食者，是少肉多蔬菜，我算是減肥和清腸道，真感謝他們接送情。

在盧森堡機場遇見一位中國廈門的媽媽，來幫女兒坐月子，因為要回老家而在阿姆斯特丹轉機，她一句英文都不懂，所以她的女兒有寫一張英文便條讓她帶著。她說很高興能遇到我，我也很佩服她完成看似不可能的事，只能說母愛真是偉大。我幫忙帶領她搭飛機，我也很開心，應該可以算是日行一善吧！在母親節的這天，我們彼此祝福，祝福她一路平安，也同時為自己加油，準備邁向下一個新的旅程。

旅遊資訊

※ 依當時匯率換算

英國航空 (British)：冰島雷克雅維克→英國倫敦→盧森堡盧森堡市
簽證：免簽證
時差：盧森堡比台灣慢 7 小時 (-7)；夏令時間慢 6 小時 (-6)
匯率：歐元：新台幣 =1:36
住宿：Servas host family

2016.05.08 ― 09

第十二站

Netherland

便利的荷蘭 - 阿姆斯特丹

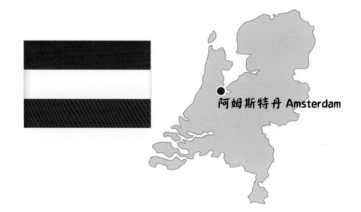

阿姆斯特丹 Amsterdam

荷蘭阿姆斯特丹（Amsterdam Netherland）
(2016.05.08-09)

在網路訂了阿姆斯特丹二星飯店，算是此趟環球之旅最貴的旅館，因為 65 歐元的價錢（約台幣 2,400）卻沒有含早餐。唯一的好處，就是離機場近又有免費接駁車。

這是我第二次遊阿姆斯特丹，第一次是二十多年前跟團，猶記得當時去看風車、木鞋、鬱金香，但沒有搭運河船，所以這次當然要遊運河。

運河之旅（Canal Tour）

運河之旅是搭玻璃船，費用為 13 歐元，有中文解說。運河長度有 100 公里，17 世紀開始建造，阿姆斯特丹有 160 多條運河，號稱「北方威尼斯」，主要繞著中央火車站的有 3 條，國王、紳士和王子運河，王子運河是以工作為主發展出來的。水道很寬，不怕會撞船，沿河兩邊有很多船屋，有住家、旅館，還有幾座橋，船長說運河旁的房價很高，一般人應該是住不起，大都是銀行、辦公室等。

遊運河先看到一個綠色大型建築，是建於 1923 年的 Nemo 博物館，是一個科學中心，1997 年翻新。而 1631 年建的西教堂 (Westerkerk)，是阿姆斯特丹最高的教堂，85 公尺高，可以看到最頂上有一個皇冠。

接著是安妮之家（Anne Frank；安妮 - 法蘭克的家），是有名的《安妮日記》女主角。1942 年，安妮當時 13 歲，寫了 2 年的日記，日記中記載著德國納粹迫害猶太家庭的情形， 她除了不能上普通學校，還有很多限制，以及一家人躲藏的情景。

我還是比較喜歡威尼斯貢多拉船，水道雖窄，卻比較原始自然，阿姆斯特丹的運河則是經過設計的，就這樣花了一個小時只坐了船，遊了運河，了解一下運河城市的歷史及周邊建築也值得。

結束了簡單的運河之旅後，我在火車站附近吃了晚餐，點了牛肉漢堡、蔬菜湯和可樂（10 歐元），牛肉的肉質還算嫩，蔬菜湯也很濃郁，滿足我的胃，自得其樂度過母親節。阿姆斯特丹是便捷的城市，機場有火車到市中心，很多旅客在此轉機，看到火車站有兩部警車，一部鎮暴車，十來個警察在維護治安，看來這城市應該是很安全的。

用可口餐點做 Happy Ending :)

旅遊資訊

※ 依當時匯率換算

荷蘭皇家航空 (KLM)：盧森堡盧森堡市→荷蘭阿姆斯特丹
簽證：免簽證
匯率：歐元：新台幣 =1:36
時差：荷蘭比台灣慢 7 小時 (-7)；夏令時間慢 6 小時 (-6)
住宿：阿姆斯特丹機場宜必斯快捷酒店 (IBIS Budget Amsterdam Airport)：二星級飯店

第三階段 · 獨遊中美洲

第十三站

Cuba

神秘的古巴 - 哈瓦那和雲尼斯山谷

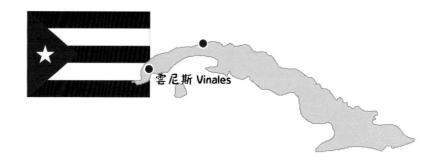

雲尼斯 Vinales

古巴哈瓦那 (Havana Cuba)
(2016.05.9-23)

　　網路訂好機票，由阿姆斯特丹飛德國法蘭克福，轉機去古巴（台幣 6,450 元），轉機等 3 小時，古巴不須簽證，但需要在前一個國家買「觀光卡（Tourist Card）」，形同「簽證」，走遍法蘭克福機場（Frankfurt am Main Airport）各層樓找不到櫃檯可買觀光卡，好著急，登機前，才知在櫃台買，現金不找零，只好刷卡「25 歐元」，若沒買，上不了飛機，就算上了飛機，在下飛機時，海關也沒賣，到時只能在哈瓦那機場流浪或轉機到別國。

　　古巴海關要準備「保險證明」，機票上也註明，我沒有特別買保險，請保險公司給我平日有保的意外險、健康保險、防癌險等英文版充數。

　　飛行 10 小時到達，機場不大，但進關速度很緩慢，約 1 小時，海關只看「觀光卡、入境卡及申報單」，沒問保險的事，因在古巴無法網路訂旅館，只好報名語文學校，學西班牙語一週，學校安排住宿家庭，有人來接機，心情終於定下來了。

古巴的住宿家庭 (Casa)

　　西文稱為「Casa」就是家，住宿家庭位在哈瓦那 Vibora 區，離 Havana 舊城區坐公車 30 分鐘，坐計程車 15 分鐘，離西文學校走路 2 分鐘，對面有中學，附近有公園、運動和辦展覽的文化之家、教堂

（Iglesia de los Padres Pasiniostas），2015 年 方濟各教宗來過，門口掛著他的照片。

　　女主人是非洲黑人後裔，女兒在中國天津念中文研究所，碩士學費是中國提供，古巴教育是從小學到研究所都免費，人民識字率 99%。兒子已婚有三孫子女，女主人是化學工程師，男主人從事教育工作，皆退休，兒女不在身邊，有空房就當 Host。

女主人很客氣，她會說一點英文，而男主人很嚴肅，不會說英文。我則是會一點西文，剛開始我們雞同鴨講，慢慢我西文進步了，她英文熟悉一點，我們會聊聊兒女及生活。

女主人主動說要幫我洗衣服，每次 5-6 件 3cuc（3 美元），我覺得便宜就讓她賺外快，超過 100cuc（與美元同）機票，她就覺得貴，所以多年都沒去過中國看女兒。

有天我說想吃龍蝦，她買了一袋 7 隻（15cuc），我請她料理，順便請 Host 夫妻吃一頓豐盛的晚餐，最後我只吃 2 隻龍蝦，因為做成紅燒有點太鹹了。雖然收我 17cuc，我仍很感恩她為我料理。

我的西文學校

學校除每週 20 節西文課外，會有文化課 4 節，所以有安排介紹古巴和美國關係，1961 年美國和古巴斷交，對古巴經濟制裁，禁運，斷交 55 年後，2015 年 7 月復交，歐巴馬是 2016 年 3 月拜訪古巴，我在 5 月到古巴，老師還說是教宗居中協調兩國。另外還有校外教學二次，哈瓦那的舊城區和新城區。

其他安排付費的 Salsa 舞（每人 10cuc，2 小時），莎莎舞起源於古巴，現流行於歐美，節奏和旋轉等舞步都非常快速。當然，我也參加了，雖趕不上年輕人學得快，但還好我有排舞基礎，很快就跟上。

學校有固定二位廚師，做菜很用心，早、中餐都在學校用餐，假日是早、晚餐，主食早餐是麵包、起司、蛋、麥片、優酪乳，還有各種水果，除香蕉、芭樂、西瓜外，其他水果都很酸，果汁當然是加糖才會甜，不像台灣水果好吃又甜。午晚餐是米飯或義大利麵，主餐有

雞肉、或豬肉，少有牛肉，魚和蝦沒上過桌，據說是太貴的關係，都是美國邁阿密進口的。而紅豆煮鹹的，比較特別。

在此，我吃得好、睡得好，為何會變瘦？是因交通不便，旅行時走路走多了？還有他們烹飪方式多是紅燒、水煮，涼拌生吃，較少用油？唉，應該是沒有 wifi，無法聯絡親友，我心情憂鬱居多，才變瘦了。

亦師亦友的西文老師

第一天上西文課要測驗，雖然我出國前有臨時抱佛腳，但一直沒機會說也就忘光了。老師 Diana 沒嫌棄我，反而繼續指導我，幫我加油。初級程度的學生也剛好只有我，所以就成了一對一教學，網路訂一週學西文的費用是 520 歐元（含飲食和住宿），後來因為手機沒有 wifi，既不方便又無地方可去，只好又加一週，不過只收 300 歐元，說是打折，實在是優惠很多。

老師有位 16 歲的兒子，而先生早年去美國之後就沒回來，另組了家庭。她和父母一家六口住小房子，生活雖艱苦，但她很開朗樂觀。

老師每天都會問我：「昨天做了什麼？去哪裡？吃什麼？」，我不懂西文就請她教我，還教我如何坐公車（西文 guagua），坐公車只要 0.4cuc，(1cuc=1USD、1cuc=24 cup)，叫客共乘計程車（colectivo）只要 10-15cup，我很驚訝怎麼會那麼便宜，老師也驚訝我坐的計程車怎會那麼貴（每人 1-3cuc）？我質疑大概是把觀光客當是待宰的肥羊吧！後來有位西文比較好，住瑞士的義大利裔同學 Sandra，意外發現隔壁一條街，有老師所說的廉價計程車，當地人都去那裡坐計程車，外國人很少知曉。

我請教老師如何坐公車到舊城區？她在地圖上說明公車站，但我

人生地不熟，沒什麼方向感，老師就直接帶我走了 15 分鐘到公車站牌，當我 wifi 不通，她就帶我去電信局，可惜人太多，排不上時間處理。

當我知道老師愛吃炒飯時，我表示願意到她家做飯給她吃，但老師的媽媽不同意。之後她主動邀請我去家裡，煮了碎肉炒飯及現買的玉米粽，雖然這頓午餐很簡單，但對我真是情深意重。

我也回請她去餐廳吃蝦仁火腿蛋炒飯和飲料、冰淇淋，對她而言，到餐廳吃飯是很奢侈的事，因為肉、魚、火腿都很貴，我說 1cuc 漢堡很便宜，她說也很貴，因為老師的薪水一個月才 30cuc，我聽了好驚訝，畢竟我們繳的學費不算少。她說學校對她已經很不錯，有些學校只有 10cuc 的。聽後我覺得好辛酸，因為這個國家很貧窮、物資匱乏。雖是社會主義的國家，但貧富差距仍大。

為了感謝她對我的幫助及分享我的快樂與悲傷，我送了她的兒子猴年小花燈，送她台灣素食沙茶醬、咖哩塊，還有 10cuc 的紅包，因為她沒有 wifi 也沒有 e-mail，偶爾可買郵票貼上信件或寄明信片給我，好讓彼此保持連絡。她問我何時重回哈瓦那？我說等古巴有 free wifi 或交通方便時，在古巴我唯一牽掛的只有老師，她是上天派給我的天使！

使用網路困難重重的古巴

到哈瓦那舊城區要買 wifi 卡（tarjeta），結果到電信局時，發現排了好長的人龍，等輪到我的時候名額已滿要關門了，只好無奈的看著一群人坐在旅館外上網。這裡上網要買 wifi 卡，輸入使用者號碼及密碼，一卡要 2cuc，卻只能上網 1 小時，而且要去有基地台的公園或旅館外面上網（四、五星級飯店是在大廳上網）才能通訊。後來，在旅館外有人兜售 3cuc，雖然是黃牛賣 wifi，我還是很高興地買到 wifi 卡，沒想到我的 SAMSUNG 手機，居然搜尋不到 wifi 點，請同學幫我也沒辦法，她們是 Sony、iphone 手機，很快就上網。

有一天，去學校附近的 Monaco 商業區，有一處公園可上 wifi，結果還是不能連結。只好到處逛逛看看，商場外攤販有賣蛋糕、衣服、

洗髮精等民生用品，還有銀行要排隊，有小超市也要排隊，看來古巴民生用品很缺乏。

一位年輕廚師說：「SAMSUNG 在古巴不能用，必須去電信局處理，費用很貴。」我一聽，覺得太錯愕了！當時為了這趟旅行，我才剛換新手機，電信局店員建議買了照相功能佳，自拍有廣角的 SAMSUNG 新手機，怎知在古巴居然會出狀況？Host 終於說她家也有 SAMSUNG 手機，但也是要先送去電信局處理才能用。

Host 和女兒用網路聯繫，是在電訊局買一個月的電話網路，100 小時要價 85cuc。我借用她的電話網路，因為網速太慢，只找到我訂的旅行下一站墨西哥坎昆旅館資訊，也沒連上我的 e-mail，時間就到了，一天只能用一小時，我把 wifi 卡送給 Host，反正我也不能用。

最後借用了學校的電腦 5 分鐘，寄了封信給先生說，古巴沒 wifi 很不方便，很想念家人，他用西文回我「Te Amo」（我愛你），班主任給我看信，我尷尬得笑了，老師也看到了，直說好羨慕我。

在古巴寂寞又悲傷的日子，偷哭了好幾次，所幸有西文老師陪伴，分享我的喜怒哀樂，真是我的貴人！

景點：聖瑪利亞海灘 (Santa Maria de Mar)

我和年輕活潑的同學們約好坐共乘計程車到哈瓦那 Santa Maria 海灘戲水，她們有來自英國、德國、瑞典、瑞士（義大利裔）等，有些國家不靠海，所以特別喜歡海邊游泳、晒晒日光浴。

聖瑪利亞海灘風很大，清澈蔚藍的海水、乾淨的細沙灘，同學們個個比基尼上場。不過我是旱鴨子，只能踩踩沙、踏踏浪。其中有個女同學也不游泳，就在傘下看書，每個人來海灘渡假方式大不相同。

哈瓦那的交通

坐計程車到哈瓦那舊城區（一車五人，每人1-2cuc），再換計程車（2-3cuc）到美麗的海灘。西文好的同學會去講價，因為價錢完全看計程司機，有時會獅子大開口，坑觀光客的錢。

在哈瓦那最方便的交通是 50 年左右的美國復古老爺車，計程車分有掛牌 Taxi、人力腳踏三輪Taxi、Coco Taxi 都很貴！沒掛牌的共乘計程車，稱為 Colectivo 較便宜，可沿路叫客，但對當地人或觀光客坐的計程車卻又因人而異，會亂喊價，要會殺價。

當地火車少又慢，旅行社有團體大巴士，還有市區觀光巴士、馬車、三輪車，還有很多條路線的當地公車「guagua」。

熱情洋溢的古巴音樂

古巴音樂是融合西班牙民族及黑人歌舞，第一次聽到是坐計程車到聖瑪利亞海灘，車上會放音樂，去餐廳也有樂團，組樂團不分男女老少。組合裡有歌手、吉他手、鼓手、合音等人，有時會有人跳舞，結束後觀眾給些小費，重點是賣光碟 CD，哈瓦那舊城區街上商家也會放音樂。聽了熱情輕快的音樂，讓人也想跟著舞動，頓時年輕不少！

某天去一家 Casa de Musica（門票5cuc，含酒精飲料是 10cuc）是年輕樂團，觀眾都隨音樂舞動、喝酒，氣氛很 high！但場地太小又超賣門票，空氣不流通，很多人跑出去外面聊天。

這時，看見某男同學猛灌某女同學的酒，她不勝酒力喝茫了！一路唱歌，還跌傷膝蓋。自助旅行時，一定得更加謹慎才行，否則容易迷失在異國戀情的浪漫裡。

景點：哈瓦那舊城區（La Habana Vieja）

　　舊城區地標是白色國會大廈 (Capitollo)，1929 年完工，類似美國華盛頓國會大廈，其後面建築很集中，校外教學的老師帶領我們，第一次到舊城區，好像在走迷宮，有四大廣場（軍事廣場、舊廣場、主教堂廣場、San Francisco 廣場），在廣場中的很多小型博物館，有畫展、有古文物、有巧克力等，但整體沒有規劃好，看了沒留下特別印象。也有些店面已當做餐飲或民眾活動之場所。走到 1971 年香水店，因為也沒有擦香水的習慣，就沒什麼興趣。

　　接著，我們到 20 世紀最著名小說家之一海明威（Hemingway）常去的酒館（La Bodeguita del Medio），因為正好有樂團在演出，小小酒館被擠得水洩不通，根本進不去而作罷。

　　還去了古巴革命領導人切 · 格瓦拉（Che Guevara）常去的咖啡館，這裡有賣他的紀念品還有雪茄。哈瓦那有三家老藥房，世界第二古老的藥房 (La Reuion) 開張於 1853 年，我只參觀 1914 年的 Johson drug store，是美國人開的。我記得塔林的西藥房 Raeapteek，是 1422 年營業，為世界上最早開張營業的第一家藥房。

　　古巴醫療全部免費，落實三級醫療體制，重視醫療外交，協助其他國家，生物科技在全球領先，許多新藥及自種多種草藥，世界有名。

　　古巴靠觀光客來活絡古巴經濟，長遠看是好事，希望能帶給古巴社會繁榮，人民生活因而改善，但也希望不會帶來髒亂及擁擠。

景點：重遊哈瓦那舊城區

不想整天跟著別人逛，就到學校附近街上吃漢堡（1cuc）、熱狗（0.5cuc）好便宜，豬肉漢堡不錯吃，不過熱狗就不太推薦了。

跳上 P8 公車，要去哈瓦那舊城區，公車票很便宜只要 0.4cup，我給 1cup，雖不找零，但我喜歡真正體驗當地人的生活 —— 坐公車。

因前二天校外教學，已有來過舊城區，不過我還是想看不一樣的地方。走到華人街，街口的牌坊很新，但是一走進去，房屋卻很舊。有一電信博物館辦展覽，還有一處公園，但中餐廳很少（後記：2016年底去古巴的朋友提及已開了好多家餐廳了），看不出一百多年前的繁華，當時在古巴華人有 10 萬人，如今看不到華人面孔，都已經變混血兒了。

剛來哈瓦那去海灘當日，因為想吃冰，在一家冰淇淋攤店前掏出 20cuc，老太太沒錢找我，拿出 10cup 也不夠，她直接送我們吃，真有人情味。我不太記得在哪裡，找了好久終於找到，這次老太太不在，是一年輕男生顧攤位，買了一個冰淇淋，才搞清楚原來要 40cup。

古巴便宜又好吃的就是冰淇淋（西文：Helado）還有香蕉，我曾買一大串才 20cup，自產蔬菜水果，所以都便宜，國會大廈四周還有不少小型店家攤販賣飾品、肉蛋、餐食、衣服，還有只賣打火機的小攤，千奇百怪，琳瑯滿目。在公園搭上公車回家，Host 說：「你好棒，能自己坐公車，逛舊城區。」在沒網路、沒資訊、沒公車路線圖的古巴，當地人都在搭便宜公車，我也體驗一下，反而覺得並不困難！

景點：哈瓦那新城區（La Habana Vadado）

　　Diana老師帶我去哈瓦那新城區校外教學，主要我想去參觀美國大使館，我們先到棒球場（Estadio Latinoamer Cano），古巴棒球是世界有名，和台灣棒球隊齊名。接著到革命廣場，有 Memorial a Jose Marti 高塔紀念碑，他是古巴革命英雄，同時也是詩人。

　　美國之家（Casa de las Americas）已成畫廊，而美國大使館 （Embassy）外面很多人排隊，買票進入參觀，我們在門口拍照留念。經過了有名的國民冰淇淋店（Coppelia），雖然很想吃，但現場大排長龍就打消念頭，後來在外面一個小攤販買冰淇淋，也是便宜又好吃，兩個才 80cup。就我觀察，古巴就是冰淇淋、麵包、蔬菜水果，及果汁便宜，肉類、魚類，民生必需品仰賴進口，比較貴。古巴雖四面環海，沒有遠洋漁業，因為政府鎖國，只有養殖業，我也希望古巴和美國復交後，能進步神速。

　　Edificion Focsa 是哈瓦那最高的商場，共 33 樓，有各種店家、辦公室，旁邊有電視公司，電視頻道共 24 台。

三天二夜學校旅行

景點：雲尼斯山谷 (Valle de Vanales)(2016.05.20-22)

　　雲尼斯山谷在古巴西部，坐小汽車四小時，1999 年列入世界文化遺產，是國家公園，當地人稱突出小山丘為第「Mogotes」。貌似蘑菇形狀，綿延不斷，造成特殊景觀，是地下水在古老的岩石上幾萬年不斷的侵蝕，

形成特殊景觀，山谷有農場和村落，是主要種菸草的地方。在涼亭看山，清風徐徐吹來，舒服得令人心情放鬆，可以靜心冥想。

接著，我們坐小木船去印地安岩洞（Cueva de Indio）觀賞地下奇特的鐘乳石。年輕同學選擇去騎馬，3 小時要另收 25cuc，一方面天氣太熱怕中暑，另一原因是大學時曾去台中后里騎馬，吃了苦頭，騎馬顛得屁股都磨破。現在年紀大了，怕骨頭散了，所以我選擇去逛逛小鎮。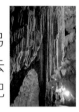

自己獨逛，小鎮是 1871 年建造，有教堂、美術館（免費）及博物館（1cuc），還有逛免費私人花園，男主人是中國人，最後我自由捐獻了 2cuc 並寫上讚美的中文字，到此一遊。

當地導遊介紹菸草製作過程：置放四個月，再放置另一處房間四個月，要挑選並乾燥一天，雪茄要 3-6 年，一般香菸一年完成。菸葉中間粗脈含尼古丁 70%。當地不製作最後成品，要送往別的城市做成品，相當費時，因此昂貴。

民宿，這裡都稱「Casa」，是私人住宅，有一、二間空房給客人住，我們（含導遊）5 人住 5 家，分配得很公平，吃的又在另一家，平衡經濟。菜色不錯，有魚和龍蝦，龍蝦口感紮實，可惜紅燒較鹹，我和屋主說，台灣都是清蒸或煮湯或涼拌沙拉，這樣才不會破壞龍蝦原來的甘甜美味。食物很豐盛，水果、果汁、喝啤酒或可樂、咖啡。導遊老師說礦泉水、飲料及騎馬又要另付費，雖已付費三天二夜行程 120cuc，學校主任說是全包，卻又要另付費？真是搶錢。最後回到學校，我爭取後只付 2cuc 飲料。

再見古巴

在沒有 wifi、交通不方便、語言又不通的古巴生活兩週，經過 4-5 天哈瓦那熱情的擁抱後，生活總感覺有挫折感，很想念親朋好友及 FB 上的友人們，這段期間多了很多時間思考，覺得自己不適合過這樣的生活，所以結束學校生活，一早就想坐計程車到機場準備去墨西哥坎昆，無奈計程車開價高，學校幫我叫車要 30cuc（相當美元），我就跑到大街看看有沒有較便宜的，卻也有隨便喊價到 40cuc 的，我只好坐可愛的 Coco Taxi 20cuc（算是計程車的一種，其實是可可造型的電動車），沿途風光雖美，但我更高興能逃離古巴！

生活在古巴，看到有沾點邊做觀光客的生意人，都想辦法撈錢，學校、旅行社、商店及計程車，漫天喊價只為了賺觀光客的錢，覺得很不舒服，但也覺得無奈，因為當地人太窮了，其實這是很悲哀的事情。當然我也有遇到善良純樸的人，像是我可愛的西文老師、盡責專業的學校廚師，還有賣冰淇淋的老婦人。古巴也在新與舊的衝擊下，社會產生的不平衡，應該會隨著時間而改善，期待古巴會有所改變。

社大黃老師上課時提及她曾去古巴兩週，提醒我們若晚點去古巴會被觀光客破壞原貌，讓我有了嚮往去神秘古巴的心，如今體驗後，心境大不同，反而覺得太早來了。所以每個人對旅行某國的印象、需求都不一樣，有人重視飲食、有人要住得舒適、有人要欣賞風景，有人對古蹟博物館充滿興趣。真的要多方了解，尋找自己心中渴望的國

家再安排旅程，才能滿足自己的需求。其實老師指的是因觀光客進入後可能歷史古蹟會被破壞，而我想要了解的是人文生活。

　　我難過的是交通不發達，沒有 wifi 可用，不能飽覽古巴，連絡不到家人而傷心，還有坑人的生意人，但西文老師撫平我的心靈，是另一種收穫。不後悔來古巴，讓我更了解掀開神秘的古巴面紗後，在鎖國開放後的樣態；落後貧窮的國家，要開始進步時的陣痛，在古巴的種種經歷、喜怒哀樂，在我腦海中終將難以抹去。旅行不就是這樣嗎？你永遠不知道這一次的旅行會帶給你什麼，但無論這些經歷是好或是壞，都會成為人生的養分，都是值得收藏的回憶。

旅遊資訊

※ 依當時匯率換算

漢莎航空 (Lufthansa)、神鷹航空 (德國廉價航空 Condor)：荷蘭阿姆斯特丹 (Lufthansa) →德國法蘭克福 (Condor) →古巴哈瓦那
簽證：觀光卡 25 歐元
時差：比台灣慢 13 小時 (-13)
匯率：美元 : 古巴比索 (cuc) =1:1 (用美元換會收手續費 10%)；
　　　歐元 :cuc =1:1.1；1cuc=24cup；古巴比索 (cuc): 新台幣 =1:33.11
西文學校網址：www.languagecourse.net
學校：Estudio Sampere Cuba
住宿：學校提供之 Casa

2016.05.23 — 06.12，06.16 — 06.19

Mexico

熱情的墨西哥-坎昆、奇琴伊察、梅里達、墨西哥城、霍奇米爾科和特奧帝瓦坎

特奧蒂瓦坎
Teotihuacan

梅里達
Merida

坎昆 Cancun

墨西哥城 Mexico City

奇琴伊察
Chichen Itza

霍奇米爾科
Xochimilco

墨西哥坎昆 (Cancun Mexico)
(2016.05.23-26)

　　古巴航空，1 小時 20 分到墨西哥坎昆，機場檢查非常嚴格，海關官員要我按一台機器的鈕，結果出現紅燈，像是測謊機一樣，我的行李全被打開檢查，把我當毒販。事後證明是虛驚一場，終於順利入關。

　　在使用 wifi 連絡親友、報平安，有一千多筆 LINE、FB，也有不少朋友留言，聽我的先生說還有打電話到我台北家的親朋好友，問我失聯行蹤，是否平安？好感動，感謝大家的關心。

　　墨西哥坎昆是加勒比海的珍珠，是渡假勝地。我不會游泳，很多玩水的娛樂都不能玩，選擇它不是因它是渡假勝地，而是聽說海岸線很美，也是由古巴哈瓦那飛到墨西哥最近的城市，機票也比較便宜。

　　在坎昆，有去市中心及海灘，其他時間則躲在旅館中上網回訊息、寫 FB，平復心情。

景點： Playa Delfines (El Mirador) 海豚海灘

　　海岸線長達 28 公里，海天一色真美，碧藍的海水配上細白的沙灘，天空有拖曳傘劃過，海上有一隻海鳥在覓食，一艘汽艇遠遠而過。這裡遊客不多，還有人在拍婚紗照，我雖不會游泳，但看看大海、看看天空，踏浪踩沙玩得也開心，這裡是非常療癒的渡假勝地。

參加一日小旅行 (2016.05.26)

　　參加跟團由坎昆至奇琴伊察，一日小旅行不走回頭路，車程 2 小時，旅行社給我折扣 1,000MXN（約台幣 2,000 元），車上旅客都是來自各國。行程包括馬雅村落、溶井，以及奇琴伊察古蹟，含英文導遊解說和中餐。

景點：馬雅村落

　　首先到馬雅村落。導遊介紹村落，我們在這裡吃中餐、欣賞歌舞表演。小茅屋裡有位婆婆現做無油乾煎的餅皮，再包入雞肉、牛肉、豬肉或素的蔬菜就是墨西哥餅 Taco，我很好奇跟在坎昆街上吃的 Taco 有何不同？導遊表示：「餅皮一樣，做法、內容物不同」，如果餅皮上放餡，再加入起司，先煎餅皮再放入餡，捲起來再煎一下，形狀像台灣的韭菜盒子，這則稱為「Quesadillas」。

　　如果是圓型的玉米餅上面有肉＋生菜＋起司或沙拉醬稱為「Sopes」，因餡料很多所以合不起來，不再煎。

　　而 Taco 是原味，不加「起司」，直接將圓餅皮包肉生菜等餡料吃，總算真正了解各種墨西哥餅名稱，而不是一概稱「Taco」呢！

景點：奇琴伊察 (Chichén Itzá)

　　世界七大奇景之一的墨西哥奇琴伊察遺址，座落於墨西哥東部猶加敦半島的北部。票價是門票加英文導遊共 232pesos，很公道也很值得。

　　1988 年列入世界文化遺產，馬雅語 Chichén Itzá 是在伊察（人）的水井入口，是西元前六世紀到馬雅古典時期（西元 2-6 世紀）主要城市。

　　一入眼簾就是很醒目的是大城堡金字塔（Castillo）又稱羽蛇神金字塔，祭祀羽蛇神，是結合曆法的天文科學建築，並於 1988 年列入世界文化遺產。接著走到 150 公尺的遠古代中美洲最大球場 —— 橡皮球場，聽導遊說輸的一隊隊長要砍頭（或贏的一隊），再把頭鑲在牆上，但因為沒有紀錄，故不可考，但是聽起來相當毛骨悚然就是了。再來走到修道院（Casa de las Monjas），這裡是政治中心，有住宅及宮殿，還有蛇形頭的金星平臺，用來舉行儀式、慶典、舞蹈，一旁有頭顱平臺，人死鑲頭顱，作用是威嚇，很嚇人。還有武士神殿，旁有千柱廣場。

景點：溶井 (Cenote de Hubiku)

　　溶井（Cenote）溫度約 20℃，水色呈淡藍，是馬雅人祭祀之井，用祭品如玉、陶器，以及薰香投入井中祭祀，終年有水源。現場有人與魚共游，而我只能望水興嘆。看看龍舌蘭酒博物館（Tequila），有人在馬雅村幫我照相，後來才知道是賣酒，我的照片被貼在酒瓶上，在車上推銷，我不喝酒就不太想買，墨西哥生意人有點靦腆，我不買也不會一直纏著推銷，算是老實商人。

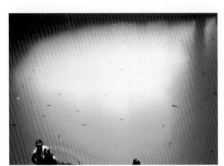 

旅遊資訊

※ 依當時匯率換算

英特捷航空（Interjet）：墨西哥廉價航空：古巴哈瓦那→墨西哥坎昆
簽證：本人親自辦理簽證，核發停留 180 天
時差：比台灣慢 14 小時 (-14)
匯率：墨西哥比索 (MXN 或 PESO)：新台幣 =1:1.83；
　　　歐元：新台幣 =1:1.36；美元：新台幣 =1:1.33
奇琴伊察網址：www.chickenitza.com
住宿：Hotel Rivemar cancun Mexico（一星級飯店）

墨西哥梅里達（Merida Mexico）
(2016.05.26-28)

梅里達是西班牙最後殖民的城市，也是現在州政府和市政府所在地。這裡有國際機場，也離馬雅古蹟近，不但是商業政治中心，也是觀光轉繼重鎮。青年旅館一人房，含豐盛早餐（麵包、水果、蛋）一晚台幣 700 元（含城市稅 19%）非常便宜，而旅館周遭就是景點，不僅交通便利、機能好，離機場也近。

景點：主廣場

旅館外就是主廣場，人潮常在此聚集，聽說很多表演在此舉行，當天就看到了樂團演奏，有不少人圍觀欣賞。東邊是「白色大教堂」、西邊是「粉紅色市政廳」，而旅館對面是「綠色州政廳」，這些都在廣場四周，沿著教堂走下去還有一位民族英雄獨立之父 Miguel Hidalgo 雕像公園，這城市原是白色城市，大部分牆壁塗白色，現在已是讓人看了很舒服的淡雅粉藍綠白等五顏六色的彩色城市。

景點：孟德之家（Casa de Montejo）

只要留下個人資料就能免費參觀，有 19 世紀的傢俱陳列，其中陶器來自中國，還有畫展。美術館在大教堂旁，外有公共藝術，也是填個人資料即可免費入內，一、二樓，有多名藝術家展出油畫及抽象畫，這兩家都是可拍照，但嚴禁使用閃光燈，來個藝術之旅也很愜意。

旅遊資訊

住宿：Hostel Zocalo Merida（青年旅館）

墨西哥城 (Mexico City)
(2016.05.28-06.12，06.16-19)

在墨西哥城讀西文一週，住在學校安排的住宿家庭，包早晚餐的費用是 500 歐元。

這城市聚集了很多人種，都很友善。我從機場到市區，有三、四家計程車有公定價目表，不需要議價，司機很熱心，知道我是外國人不識路、語言不通，還幫我按 Host 家電鈴對話，直到有人開門才離去。

從東部的坎昆、奇琴伊察、梅里達到墨西哥城，所遇到的人事物，實在不是腦海印象裡的墨西哥 —— 只有販毒、走私、搶劫的情景，讓我對墨西哥的印象大為改觀。

墨西哥城住宿家庭 (2016.05.28-06.04)

學校安排的住宿家庭 Host Adela，沒收到學校通知學生當日會到家，以為是隔天，她 20 分鐘後就出門了，我心裡一驚，老天有保佑，否則我要露宿街頭了！

Host 是建築物管理經理，平日也忙於工作，因為兒子已結婚了，所以家有空房可提供學生住宿。房間很簡單整潔，Host 有住宿規則，叮嚀要關燈關水、在浴室不能洗衣服、房間不能吃東西、垃圾如何分類，我都盡量配合。她怕我迷路，帶我去坐捷運，轉公車到學校門口，告訴我值得去的景點、博物館、公園，一路上所到之處，處處有警察，我就放心的在墨西哥城生活了。

墨西哥城的捷運 1969 年就有了，目前有 16 條，四通八達非常方便，因為捷運沒有冷氣，所以窗戶是打開的，其中有幾條線很老舊，聽說扒手很多。台北捷運 1996 年開通後，也是國際地鐵組織會員，2016 年慶祝 20 週年紀念時，墨西哥地鐵也曾給予我們祝福。

Host 很喜歡吃蔬果，比較少吃肉類，因此我的早餐有水果，晚餐則有很多蔬菜，肉類是少之又少，主食通常是飯麵或玉米餅，分量不多。她特別準備墨西哥「雞肉脆餅」，稱為「Tostada」和 Taco 不同，一個是烤玉米軟餅，一個是脆餅。有天，她準備一大盤生胡蘿蔔給我，我乖乖的當兔寶寶，把整盤給吃完。說起來，我不太重視吃喝，很能適應外國飲食。

最後一頓餐，她準備些肉末及鮪魚，很感謝她為我準備這些有特色的當地餐點。我和她分享說台灣每餐都會準備多種食物，烹飪方式大多用油炒的，對健康比較有影響。

我聊到兒子剛結婚，兒子與媳婦自己租屋住，我不太高興，她說：「為什麼？孩子長大了，會有自己的家、住在自己的房子，這很正常。」對傳統的我來說，會希望養兒防老，將來兒孫同堂，的確是震撼教育！

墨西哥城西文學校 (2016.05.30-06.10)

西文學校離住宿家庭走路五分鐘到捷運站，坐捷運二站轉公車 10 站，再走 5 分鐘，前後要近一小時，捷運票價 5pesos（約台幣 9 元），很特別的是墨西哥城有專屬的捷運公車（Metrobus），票價 6pesos，都很便宜，上下班時間公車捷運人擠得像沙丁魚似的，但有斯德哥爾摩遇扒手的經驗，我很小心保管錢包，就這樣體驗坐車上下學一週！

同程度的西文班同學，是來自英國的 29 歲律師 Jack，他休假一個月，準備讀二週，下課後到公園跑步、運動，或到咖啡店上網。他常去各國旅行，也常換工作，因為他的專業能力不怕找不到工作。我問：「父母會擔心嗎？」，他說：「我不和父母同住，父母尊重我的選擇」這個觀念也顛覆了我的傳統想法，在腦海裡盤旋，久久不能忘。

另一位是 24 歲的荷蘭阿姆斯特丹人，高中畢業後就先工作，現正讀大學中，也是休假一個月，來讀二週，順便探望在此工作的女友，他可和女友練習西文，進步神速。想想和台灣的年輕人相比，他們都非常獨立自主；和台灣的父母相比，台灣的父母總是放不下，這給了我們很多值得思考的議題，父母得放手讓孩子早些獨立，才會長大。

　　西文老師 Aura 是年輕女老師，同學們都有點西文基礎，她就循序漸進教學，有時還玩遊戲認字或組字，重點在多說、多聽，以生活化西文為主。我這年紀學了容易忘，忘了又再學，希望這次旅行學西文，可以再進步。

遷居學校公寓（2016.06.04-06.12）

　　上學路途遙遠，交通太擁擠，不是我理想的輕鬆旅行，寫了信給墨西哥 Servas Host 沒回應，我只好繼續讀西文一週，搬往學校五樓公寓。旅行時，我其實喜歡住住宿家庭，喜歡有「回家」的感覺，熱騰騰的飯菜、親切的問候、互相聊天，才能了解當地文化，而不是面對冷冰冰的旅館或公寓，只能跟旅館工作人員和旅客溝通。

　　在墨西哥城三週，我也規劃了一些能體會在地人生活的行程。

週末免費在墨西哥城參觀博物館

　　墨西哥城住著 885 萬人口，是墨西哥第一大城。這城市的週末很熱鬧，很多博物館都免費，還有精彩活動可看。

　　坐捷運到 Hitalgo 站，出口就是阿拉梅達公園（Alameda Parque），有音樂聲傳來，原來是樂團在演奏，難怪那麼多人聚集。

景點：藝術宮 (Palacio de Bellas Artes)

　　藝術宮在 1934 年完工建立，是墨西哥重要歷史文化。週日是免費參觀的，本來擔心要排隊等很久，結果只排 5 分鐘就拿到免費入場票。裡面設計得富麗堂皇，有展出攝影及畫作，還有音樂作曲家的樂器，尤其是環繞在二、三樓外牆的巨幅壁畫，是墨西哥著名畫家迪亞哥·利佛拉（Diego Rivera）等人作品，很吸引人。

景點：國立美術館 (Museo Nacional de Arte)

　　看到很多人聚集在門口，還有鎮暴警察，不知發生什麼事？原來是在美術館外，有墨西哥傳統印地安舞蹈表演，擺著各種水果、鮮花，還有燒香，表演者戴著各種面具、穿著各式衣服跳舞，祈禱祝福！

　　我就順道探訪美術館，也是免費的，但想照相要收費 (5pesos)，館內有攝影展、油畫，不過大部分是宗教的畫作。館內作品都是西文展出，沒有英文，只能看圖說故事，自己體會。

初到墨西哥城，Host 早上帶我出門認路，傍晚看完博物館和美術館後回家，坐捷運在 Zapato 下車，捷運出口是十字路口，一時不知回家的路。沒方向感的我經常迷路，問路人也不知，遇到一位好心的女士，幫我打電話給 Host，指引我回家，更加深我對墨西哥的好印象！

景點：墨西哥城市中心

　　學校安排校外教學半日遊介紹市中心，以及拉丁美洲大樓。同學們跟著導遊坐公車轉地鐵，先到憲法廣場（Zacalo），看到 19 世紀世界最大教堂 —— 主教堂，沿路走到書店及舊書店，很多舊書只賣 20-30pesos，很便宜，街上有各種餐廳、咖啡店、銀行、金飾店、紀念品店等，還有街頭藝人表演、旅遊攤位、報紙雜誌攤、地圖攤、美食攤等，琳瑯滿目，非常熱鬧。

景點：拉丁美洲大樓 (Torre Latinoamericana)

　　登上拉丁美洲大樓，182 公尺高，44 層樓，1956 年建造，已 60 週年（票價 90pesos），在頂樓上俯瞰整個市中心、藝術宮，看起來真美。我順便介紹台北 101 大樓，也曾是世界最高樓，比這樓壯觀多了，導遊老師及同學都覺得不可思議，有機會要來台北旅行！

景點：芙烈達‧卡蘿博物館（Museo Frida Kahlo）

搭地鐵前往有名的畫家芙烈達•卡蘿以前居住的藍色房子（La Casa Azul），現是博物館（Museo Frida Kahlo）。捷運下車時搞錯方向，迷路了，問在幼稚園門口接小孩的媽媽，她很熱心的要弟妹帶

我坐公車去博物館，二位學生很熱心帶我，在轉角搭上沒有站牌的社區小巴（車資 4pesos），過 5 站之後，終於看到藍色房子博物館，博物館門口大排長龍，門票 120pesos，可在庭院照相，但若要內部照相要另付費（60pesos）。

芙烈達‧卡蘿（Frida Kahlo）是墨西哥有名的畫家，從小罹患小兒麻痺症，右腿萎縮，18 歲車禍脊椎受傷，動過多次手術，最後失去右腿。她的畫是現實主義，因行動不便，自畫像很多，臉蛋長得非常清秀美麗。博物館除展出她和先生的畫外，還有展示起居室、臥室、畫室、廚房等傢俱擺設。

她的先生迪亞哥‧利佛拉（Diego Rivera）也是有名畫家，長相普通卻很風流，年紀大她 21 歲，而她是第三任妻子。他風流本性不改，10 年後她們離婚，1 年後又再婚，直到她去世，享年 47 歲，她先生把住家（1929-1954 年）捐出當博物館，算是功德一件！

結束參觀後，在轉角搭上隨招隨停的市區小巴，熱心的司機先生指引我下車，告訴我在何處搭地鐵，在墨西哥城處處感受到溫暖，是我始料未及的。

景點：國立人類博物館（Museo Nacional de Anthropología）

坐捷運公車（Metrobus），再轉捷運到 Auditorio 站下車後，還要走 15 分鐘，經過查普爾克佩特（Chapultepec）公園，再向警察問路。

1964 年建立國立人類博物館，占地 12.5 萬平方公尺，是拉丁美洲最大博物館，裡面收藏了 60 萬件文物。一樓展出 27,000 件出土文物，門票 65pesos。中央庭院有一傘狀噴水巨柱，一樓有 12 廳展示墨西哥各時期文物，二樓有 10 廳，二樓是擺設原住民印第安人房屋，衣物，食器，樂器、武器及服飾等生活展覽。

馬雅文明（Maya）

西元前 250 年形成，西元 2 至 8 世紀是全盛期，發展在東部的猶加敦半島，馬雅人在天文、曆法、數學、藝術都展現高度文明，12-14 世紀很繁榮，但因戰爭而導致沒落，落入西班牙人統治。其他國家如瓜地馬拉（Tikal）、宏都拉斯、薩爾瓦多、貝里斯等，也是馬雅文明。我有參觀奇琴伊察的金字塔古蹟，是著名的世界七大奇景之一。

奧爾梅克文明（Olmec）

西元前 12 世紀發展至西元前 400 年，有曆法、巨石、玉石、陶器，代表品是 10 英呎玄武岩的巨石頭像。

特奧蒂瓦坎文明（Teotihuacán）

西元前 200 年興起，和馬雅人同期，直到西元 750 年消失，是在奧爾梅克文明之後產生，著名而遺留下來的是月亮及太陽金字塔。我有去參觀遺址，很壯觀。印地安人金字塔不是陵墓而是祭祀或占卜用。

阿茲特克文明（Aztec）

6 世紀興盛於中部高原，在 1521 年西班牙征服墨西哥前約 300 年統治墨西哥中部及北部，自稱 Mexica，亦即今日墨西哥前身。13-14 世紀往南移，16 世紀滅亡。採用 260 天的神曆，365 天的太陽曆，代表展品是太陽石，稱曆法石，是阿茲特克人的崇拜物。

景點：水鄉霍奇米爾科（Xochimilco）

學校公寓室友是退休的美國護士 Kellis，她與我隨行，我是知道如何坐車，但到當地我成了路癡。這位大姐來墨西哥城二週，只會走路和坐計程車，雖然她也是路癡，但西文比我好。我就帶她坐捷運公車（Metrobus），轉捷運到 Tasquena，再坐輕軌火車（tren）到霍奇米爾科，居然是免費火車，路程 16 站（40 分鐘），我們賺到了。

沿路有人來賣船票，殺價後每人一小時 300pesos，我們覺得很貴，但別人的船上人滿滿的，相對我們這條船只載兩位，還算是便宜！

每艘船布置和裝飾都不一樣，色彩都非常鮮豔、五彩繽紛，運河上有很多小船，賣烤玉米、甜點、飲料啤酒、紀念品（東家在船上製作），還有照相的、樂團表演（只要你有需求就上船表演），他們就是這樣生活，兩旁是花圃、菜圃和樹苗圃，稱為浮園，可以上岸購買，這些景象成為運河賣點。行船沿路很熱鬧，叫賣、唱歌、演奏聲齊發。

這小鎮 1987 年列入世界文化遺產，人口 40 萬。回程時，我們已走得好累，就坐三輪車，一車只要 30pesos，超便宜，也回憶一下，我小時候在嘉義市，一家六口坐三輪車到大姨媽家的情景，真是往事歷歷在目！

整個旅程美國同學 Kellis 也超開心，謝謝我帶她體驗坐地鐵、搭火車、擠公車，還坐船遊水鄉，她說真是很瘋狂的一天！

景點：墨西哥城郵局 (Palacio de Correos de México)

市中心的百年老郵局非常美，但二樓以上禁止進入。窗口小姐説所剩明信片不多，我隨意挑了二張，共 12pesos，6 月 11 日一張寄給古巴西文老師，那麼近也要 11.5pesos，一張寄回台灣家裡，15pesos，但我不知何時會寄到。（後記：不到一個月，家人告知是 6 月 29 日收到）

景點：查普爾特克佩動物園 (Zoo de Chapultepec)

上課時提到最喜歡的動物，我説：「貓熊（Panda）」，下課後馬上坐巴士轉捷運到 Chapultepec 公園站，經過青年英雄紀念碑，是紀念 1846 年美國聯軍入侵，軍校學生奮起抵抗而犧牲的歷史。還有一湖泊，有人在划船，沿路也有很多攤販賣各種食品、用品、畫人像等，還有以前的皇宮城堡，現在是國家歷史博物館，但我心裡只想著貓熊。

動物園是 2004 年開放，居然是免費的，門口及裡面都是警察，墨西哥城處處有警察，捷運、公車、市場、市中心、博物館、美術館等，墨西哥工作難找，警察的需求量大，大家就紛紛投入這行業。

動物園只有蝴蝶館和水族館要另付費。首先到貓熊區，1975 年中國送墨西哥二隻貓熊有繁衍後代，我看到可愛的貓熊二隻，一隻在吃竹子，一隻躲在玻璃牆內，現在只剩二隻（欣欣 Xin Xin 和雙雙 Shuan Shuan），觀看的觀眾也特多，受歡迎程度可以和木柵動物園的貓熊媲美。

動物園裡有很多動物如斑馬、駱駝、河馬、老虎、灰熊，豹、長頸鹿、羚羊、馴鹿、孔雀、烏龜等，聽説有 200 多種，2000 多隻動物，很可觀。我每到一國家盡量會去動物園，看著可愛的動物，心也變年輕了。

墨西哥美食篇

路邊美食攤

　　我偏好找當地人喜歡去的美食攤，有天在回家路上吃雞肉湯飯 (Caldo con Arroz y Pollo)，選喜歡吃的雞翅，它是泡在飯湯裡，有點像我們的稀飯，但湯多，飯少，雞肉整塊，再配薄餅（Tortilla），這又和 Taco 烤餅又不同，有點像厚一點的蛋餅皮，沾湯吃或包桌上的辣椒，香菜或洋蔥末吃均可，這裡食物花樣很多，有機會再一一品嚐。

　　有一天西文老師帶我去傳統美食攤，吃 Taco（包雞肉）及 Sopa（蔬菜湯），我們都很喜歡，這一頓算謝師宴吧！回家路上順便買黃橙橙的芒果，很像台灣芒果，甜蜜滋味在心頭。

瓷磚之家（Casa de los Azulejos）

　　16 世紀的伯爵之家，採用西班牙巴洛克式建築藍白瓷磚和彩繪玻璃，一、二樓都是餐廳，牆壁都是瓷磚，展示一些舊照片。我點牛肉主餐，有鹹芋泥還有酪梨蔬菜配菜，麵包、飲料、布丁甜點都用瓷器裝。這裡的口味重鹹，酪梨蔬菜有點辣，布丁很好吃，飲料是牛奶冰水，我下午不喝咖啡，結帳時我以為一定很貴，沒想到套餐才 162pesos！

吃海鮮大餐

終於西文結業，來到墨西哥，沒吃海鮮好像對不起自己的胃，學校附近有一家墨西哥菜的 Contramar 餐廳，海鮮新鮮，常高朋滿座，雖然有點貴，但看網路評價極佳，姑且我就去吃大餐，慶祝自己結業，也好好犒賞自己！

點了蝦 Tostada（脆餅）和小魚乾 Taco（軟煎餅），還有蕃茄魚湯（Sopa de Pescodo），都是很新鮮道地的菜色。最後選擇巧克力及香草雙球冰淇淋，還有可樂。桌上還擺了多種麵包和多種配菜，有洋蔥，各式醃菜（小黃瓜、紅蘿蔔、花菜、蒜等等）。

這家餐廳雖然擁擠、吵雜，但服務生的服務非常周到，幫你點菜、倒可樂、上菜，隨時收拾桌面，看你有無其他需求，我要菜單、紙巾，要wifi密碼、找廁所、幫忙照相，隨時服務或答覆，服務很好也很友善，上菜雖很快，但客人可以慢慢聊天，並不會因為上菜快速而趕人。

我請教服務生一盤綠色辣味調味醬是什麼？要服務生寫下來，他馬上寫給我並說明，原來是青辣椒、青椒，還有鹽做成的調味醬。沒有固定服務生，約三、四位隨時有人在你身邊服務，當我說西文也不了解意思時，會找懂英文的人來服務，有一位服務生，我跟他要 wifi 密碼時，他看我手機是中文，請我寫下他的中文名字，真是可愛。這頓飯吃了 1 小時 30 分鐘，結帳（327pesos）不算太貴，吃得很開心滿足，還見識了墨西哥人的專業服務。

Taco

Tostada

景點：拉古尼拉市場（La Lagunilla Market）

　　墨西哥城有個超大傳統市場，聽說和台灣一樣，當地人最喜歡去購物，我也想去走走看看，捷運到 Garibaldi ／ Lagunilla，我以為到了，還要轉一站到 Lagunilla 下車後，發現這裡只有唯一一個出口，所以擠得水洩不通，一擠到出口，才鬆口氣鑽出去。

　　有一堆人圍著食品攤站著吃東西，我很好奇就去湊熱鬧，原來是賣豬肝 Taco 的，買來嚐嚐看（12pesos)，真好吃！其他攤販賣各種東西，衣服、雨傘、鞋帽、手飾，眼鏡、骷髏頭、手工藝品及手機等琳瑯滿目。還有各種 Taco、水果、汽水、玉米及麵包等，我沿路吃了豬肉 Taco（14pesos）、蹄筋 Taco（20pesos），還有綜合水果（15pesos）及芒果布丁（12pesos），吃得好飽好撐，入境隨俗跟著大家站著吃，或邊走邊吃，這一頓才花了 73pesos，同樣是水果和 Taco，在學校或 Host 家附近攤販吃過，價錢卻是多一倍。

　　傳統市場和海鮮餐廳比較，服務和價格都差很大，不過這裡才更貼近當地人的生活，他們往往吃兩片 Taco，就是一頓飯了，然後就在這邊大採購，我很少看到觀光客在這裡逛。這裡像台北的五分埔和饒河街夜市加起來大三、四倍左右的地方，市場在 Lagunilla 街兩邊，像走迷宮，所以我只逛兩條巷子和兩邊大馬路。

由薩爾瓦多重回墨西哥城 Servas host 家，隔天我搭捷運到公車北站（Autobus del Norte），再坐巴士往另一城市金字塔（Pirámide），來回票價 90pesos，車程 1 小時到特奧蒂瓦坎遺址（Teotihuacán），尋訪月亮太陽金字塔。遠遠就能看到很高的金字塔，進園買票（65pesos），沿路都是賣紀念品的攤販。

景點：特奧蒂瓦坎遺址 (Teotihuacán)(2016.06.18)

最主要是參觀特奧蒂瓦坎文明，它是西元前 200 年至 750 年的印地安文明，在奧爾梅克文明滅亡後，與馬雅文明共存，位於墨西哥中部，不明原因的消失。

最有特色的有二，一為西元 300 年建造、43 公尺高的月亮金字塔（Pirámide de Luna）；二為 64 公尺高、基座 225 公尺的太陽金字塔（Pirámide de Sol）。兩者皆為階梯狀，是中美洲最大的金字塔，為占卜、祭祀用，旁邊有神廟，還有阿茲特克人的家（Casa），太陽和月亮金字塔中間大道稱為亡靈大道，估計全盛時期有 20 萬人。

在墨西哥奇琴伊察看過馬雅遺蹟，現在目睹的是特奧蒂瓦坎遺蹟，雖然在墨西哥城人類博物館看過部分遺蹟，但親訪現場真的很震撼！

膝蓋不太好的我，沒爬月亮金字塔，而爬上了太陽金字塔，有四層很陡樓梯，每爬一層，回頭遠望山下，心中為自己加油，旁邊很多遊客也氣喘吁吁，終於達陣。頓時好輕鬆，還可遠眺整個小鎮，和對望月亮金字塔，走了二、三小時，也累了餓了，回程要犒賞自己。

月亮金字塔

太陽金字塔

旅行時我喜歡嘗試異國料理，沒有特別想念吃中國菜，難得選中式自助餐吃到飽（85pesos），有魚有肉有春捲，算很便宜。廣東人來開店十幾年，所以菜色很多，炸的菜多，櫃臺小姐來三年，是老闆的親戚，她說來墨西哥旅行是好地方，在異鄉工作很辛苦。

墨西哥城 Servas host(2016.06.16 － 19)

墨西哥城的 Host 很難連絡，寫了 7 封信都石沉大海，沒有回應。只好寫給會員名單聯絡人 Fabian，他馬上回信，說大家都在忙，他願意在我停留墨西哥城的最後 3 天接待我，所以就規劃好，當我臨時決定至薩爾瓦多探親，還是信守承諾，

由薩爾瓦多再回到墨西哥城和他家聚會。

10 歲的小女兒 Valeria，很活潑可愛，英文與西文都通曉，我送猴年小花燈，讓她自己拼圖。墨西哥義務教育到高中，公立老師薪水低、師資不好，所以她讀私校。

男主人 Fabian 是旅遊發展顧問，做國內觀光計畫，所以常出差至其他城市，很忙碌，女主人 Erika 是公關顧問，沒工作的人找她諮詢，負責面談，她說墨西哥年輕人不容易找工作，在墨西哥低收入的人很多。

我送的鳳梨酥，他們說很可口又不太甜，這是我旅途中，送出的最後一包鳳梨酥了，它是外國人口中美味十足的甜點。

第一天晚餐去餐廳吃 Taco，喝牛奶冰水，第二晚男主人煮雞肉粉絲，他說是第一次煮這道菜，我一看這包粉絲居然是台灣的龍口粉絲（中國製造的），好感動，真有心。他們常去中國餐廳，喜歡吃四川菜，喜歡吃辣、吃甜、吃鹹，知道我不吃辣，所以晚餐粉絲沒加辣，很貼心。

　　華沙及墨西哥城這二位男主人工作很忙碌，在家還要煮飯，真是新好男人。還好 Host 家附近有餐廳和小市集，賣菜、水果、Taco、果汁，還有炸水餃，外食很方便。

　　墨西哥人很樂觀，很多人沒攤位，拿個籃子擺攤，在街道旁，在捷運站或捷運上或公車上，叫賣文具、爆玉米餅、糖果等各類食品、物品，吃 Taco 溫飽，就這樣簡單生活，努力賺錢不抱怨，值得學習！

　　我多次迷路，就靠熱心的路人及警察幫忙，計程車司機及生意人很實在，不欺騙，不強迫推銷，我很喜歡他們熱情的民族性，認真過簡單的日子，墨西哥是我這次旅行，最懷念也最喜歡的國家。

旅遊資訊

英特捷航空 (Interjet)：墨西哥梅里達→墨西哥城
國家人類博物館網址：www.mna.inah.gob.mx
芙烈達・卡蘿博物館網：www.museofridakahlo.org.mx
特奧蒂瓦坎網址：www.viator.com
查普爾特佩克動物園網址：www.chapultepec.df.gob.mx
Contramar 海鮮餐廳：www.contramar.com.mx
磁磚之家：www.sanborns.com.mx
西文學校網址：www.languagecourse.net
學校：Estudio Hispanico Mexico
住宿：學校提供之住宿家庭及公寓
　　　Servas host family

2016.06.12 — 16

El Salvador

純樸的薩爾瓦多 - 聖‧薩爾瓦多 和阿卡湖特拉

聖‧薩爾瓦多 San Salvador

阿卡湖特拉 Acajutla

聖・薩爾瓦多 (San Salvador)
親人相見歡 (2016.06.12-16)

先生永連告訴我，臨時要到薩爾瓦多和瓜地馬拉出差二週，我事前規劃沒有要去薩爾瓦多旅行，但近二個月沒見到先生，於是考慮後立即訂機票，由墨西哥飛薩爾瓦多大約 2 小時，薩國是免簽證，但要在海關付「觀光費用 10 美元」，現場是不找零的。見了出差的先生和在聖・薩爾瓦多（首都）的姪兒，他為體驗異國生活及發揮所學的西文，申請來此當替代役。雖然來回墨西哥及薩爾瓦多機票台幣 18,600元，荷包大失血，但和親人相見格外開心！

聖・薩爾瓦多是薩爾瓦多的首都，也是第一大城。當地經濟不錯，使用貨幣是美元，生活費高。至薩國各地旅行，聽聞治安欠佳，常常有搶劫事件發生，據説是薩國內戰 12 年時期，大量民眾偷渡至美國，部分人在美國不易生活，進入幫派在美犯罪，後來被遣送回國，造成薩國治安上的隱憂。本想單獨旅行的我，因為這裡治安不好、交通不便，怕親朋好友擔心，只好作罷！跟著大家參觀，這也是難得的機會。

景點：國立人類學博物館 (Museo Nacional de Antropología)

人類學博物館有二層樓，展出馬雅文物，有陶瓷、衣物、生活用具等，比起墨西哥國家人類博物館，真是袖珍多了。

景點：大口火山（Volcán de Boquerón）

海拔 1,500 公尺 Boquerón 火山山腰的私人莊院，可俯看山下的聖‧薩爾瓦多市，類似台北陽明山，老闆經營餐廳兼陶藝販賣部，還遇見曾來台灣鶯歌學陶藝的三位薩國人，台灣人員輔導薩國創意陶藝，目前小有成果。

景點：阿卡湖特拉 (Acajutla)

薩國西南方靠海城市 Acajutla，風景優美，參觀海水養殖中心，試養當地魚種「笛鯛」魚苗，一旦成功，將推廣各地，在此看到台灣輔導人員的努力。

到了海邊當然不忘吃海產，玉米餅是主食，比墨西哥的 Taco 厚點，配菜肉沾湯吃，無餡的餅稱 Tordilla，也可包肉餡或紅豆餡（鹹的），稱 Pupusa，無論何種玉米餅，能品嚐當地食物，我都覺得很幸福。

景點：農民市集

　　在農民市集見識到蔬果魚類總類很多，可見薩國物產豐富。品嚐薩國奇特的農產品，比較合我口味是盛產的芒果，掉滿地沒人撿，很可惜，有黃色和紅綠色，很甜但纖維較粗，若能加工做芒果乾也很好。

　　台灣比較少見的有大莢冰淇淋豆（豆莢內白色黏膜可生食，豆子要煮過才能吃），各種美米果（Zapote）內有紅肉（如木瓜和地瓜綜合口味）及黃肉，也蠻好吃的！薩國以農業立國，種植豐富蔬菜水果及養殖魚類，或以捕魚為生，善良純樸的農民、漁民居多，經營餐廳、市集販賣者也很客氣。

　　至於柑橘黃龍病防治，有中美洲九國跨國組織，總部設在聖 · 薩爾瓦多市，台灣有技術專家隨時指導，親見駐外人員努力輔導薩國農漁業陶藝，很感動！很幸運也很安全的在薩國生活四天。

旅遊資訊

※ 依當時匯率換算

哥倫比亞 (Ava Avianca) 航空：墨西哥墨西哥城→薩爾瓦多聖 · 薩爾瓦多
　　　　　　　　　　　　　→墨西哥墨西哥城
簽證：免簽證，在海關付觀光費 10 美元
時差：比台灣慢 14 小時 (-14)
匯率：美元：新台幣 =1:33
住宿：Maria Jose Suites San Salvador：二星級飯店

Guatemala

原始的瓜地馬拉 - 瓜地馬拉市、安地瓜和帕卡亞火山

安地瓜 Antigua　瓜地馬拉市 Guatemala City
帕卡亞火山 Volcano Pacaya

瓜地馬拉市 (Guatemala City)
(2016.06.19-06.24)

　　由墨西哥搭 Interjet 飛機到瓜地馬拉，2 小時後到達了，機長廣播因瓜地馬拉國際機場有意外關閉，沒説是什麼意外，現暫停在墨西哥的 Carlos Rovirosa Perez 國際機場等待，我心情很緊張，擔心是否飛安意外？不知是否要飛回墨西哥？加上有人在瓜地馬拉等機，心裡好著急，約等待 1 小時後起飛，1 小時後到達瓜地馬拉市，原來是因為瓜地馬拉市下大豪雨，有一架飛機起飛時，刮壞跑道，整修處理，暫時關閉機場。

景點：安地瓜 (Antigua Guatemala)

　　下飛機後，感謝魏家夫婦帶我逛逛安地瓜，這古城是 1543 年建城，為西班牙屬地中美洲的首府，發生二次大地震後，1776 年政府決定遷都瓜地馬拉市。古城有鐘樓拱、Merced 教堂，還有市政廳和中央廣場，有很多攤販賣當地衣服文物和食物，顏色很鮮豔，有馬雅文化的工藝品。百年修道院因地震損毀，修復之後，現在是五星級飯店 Santo Domingo。

鐘樓拱門

市政廳

工藝品攤販

景點：瓜地馬拉市舊城區 (Ciudad Vieja)

第二天，朋友陪同逛憲法廣場，四周有 200 年的主教堂、總統府文化宮、許多商店，徒步區還有現場擠羊奶。憲法廣場聚集很多人，原來是賣神水，假日更多擺攤，時聞搶案，所以警察軍人都來巡邏。

工藝品中心，是各地收集的各種手工製作的成品，色彩鮮豔，很像我在祕魯看到的印加色彩，但種類不同，馬雅文化更豐富，附近還有中央市場，物產蔬果真豐盛。

景點：帕卡亞火山 (Volcán de Pacaya) 一日遊

第三天報名飯店的火山一日遊，旅費 100 美元（含英文導遊、中餐和泡湯、10 分鐘按摩），覺得有點貴。一早 6 點在飯店門口集合，好驚訝只有我 1 位旅客，車程 1 小時 20 分鐘，司機先生也沿途介紹景點，到 Pacaya 火山腳下，有一些馬及馬伕們在等我，一位當地導遊導覽，司機在山下等我，約來回 3 小時，看來很划得來。

瓜地馬拉有 37 座火山，活火山有 3 座 Santiago、Fuego（約 3700 公尺），和今天要爬的 Pacaya 火山（約 2500 公尺；在瓜地馬拉市南部約 33 公里），前二者比較危險，Pacaya 是 2010 年曾爆發，現在偶而 10 幾分鐘會聽到小小爆炸聲，導遊要我靜下來，用耳朵傾聽，果然有聽到聲音。

沿途一位馬伕及馬一直跟著我，來回要價 200（GTQ），走了 1 小時，在第 2 處可遠眺的景觀地點，往上走的確比較陡，我不忍心他們白跟，就殺價 50GTQ（約台幣 240），讓他賺點錢，我也輕鬆一下，騎馬半小時到達終點。沿路有很多火山石灰岩，就是火山爆發，流出的地底熔岩，最後看到有一熱火源，導遊準備棉花糖給我，熱了有點融化其實蠻特別的。

　　下山後，司機載我到泡湯旅館，中餐是蔬菜三明治以及可樂，休息一下泡湯，火山流出溫泉，無味，有 41℃、37℃ 及 24℃ 的湯池，我怕熱又怕冷，只好在中溫池待著，可遠眺城鎮，又有高水準按摩，100 美元真是物超所值！

瓜地馬拉市 Servas host(2016.06.21-06.24)

　　寫了六封信給瓜地馬拉 Host 都沒回應，所以就寫給中美洲地區聯絡人 Adela。她是一名藝術指導，開了一人公司，雖有四位子女，但是現在是獨居。她答應招待我四天三夜，我也安排要去博物館、動物園。

Host 家離市中心算遠，她特地來飯店接我，我們先去類似特力屋的大賣場，買瓷磚地板和水泥。她有一老房子要租人，地板要請工人整修。之後再去超市買蔬果肉類。Host 大我十二歲，但卻還要工作，晚餐是「花椰菜通心粉」，我主動搶著要洗碗。

中美洲人招待我們都很簡單，要適應，不像台灣有很多道菜，有時想想國情不同，就用平日生活方式去接待旅行者，不會造成負擔，當 Host 才能長久。

我問：「聽說瓜國很危險？」她說：「到處是警察軍人，怎會危險？就是有很多人亂說，Traveler 才不願意來，所以她接待旅行者很少」，我問：「從你家如何坐公車到博物館？」她說：「我都開車，不知如何坐公車？」我是第一次遇到這種個性的 Host，為禮貌起見，只能順著她，她要去哪裡，我就跟著去，也是不錯的旅行方式。

我們一起去 Santa Rosia 市集，她買蔬果、盆栽，用花束把家裡布置的好漂亮，花園也不少盆花，可惜蚊子好多，我被咬得滿頭滿手滿腳都是包。

其實我比較喜歡自己逛，在她家附近逛逛吃中餐，出門走到一家 Taco 店，點了雞肉和豬肉及飲料，原來瓜國的 Taco 是類似洋芋片脆皮加起司條再加肉及青菜的，和墨西哥不同！

Host 前幾年先生去世了，孩子不在身邊，偶而見面，她說很正常，要發展自己的工作及興趣，好好過日子，這是給我很好的省思，該放下放手放心，讓孩子獨立。

景點：考古及民族博物館
(Museo Nacional de Argueología y Etnología)

到博物館區，有考古及民族博物館、現代藝術博物館、兒童博物館及歷史博物館，因時間有限，就選「考古及民族博物館」，門票本地人 5GTQ，但外國人 60GTQ！博物館只有一樓，館內有收集瓜地馬拉市 Kaminaljuyú 馬雅文化的文物如陶瓷、玉器、祭壇、雕刻、雕像等，另有展示各民族衣物、生活用品、船等，瓜地馬拉也是馬雅文明大宗。

博物館還有北部提卡爾 (Tikal) 模型城，是馬雅最大城邦，神廟遺跡最高是 47 公尺的 Tikal 1 號，約西元 700 年建立。先生永連有去北有碰視察，順道去看 Tikal 金字塔遺跡，提供照片給我欣賞，算神遊吧！

瓜國的國民炸雞店很有名 (Pollo Campero)，午餐就在此用餐，人潮很多，炸雞比我們常吃的速食店好吃，香脆多汁，怪不得在瓜國打敗其他速食店，到處有很多分店，有薯條百事可樂，30GTQ，觀察瓜地馬拉物價是台灣 1.5 倍，不便宜。

景點：奧羅拉動物園 (Zoo de Auroza)

動物園門票是 30GTQ，在市中心，有一個專屬鳥園，有各種鳥類，需要控制人數，以免鳥兒受影響。有一隻大象近 60 歲，一般大象壽命是 60-70 歲，它讓我想起享年 86 歲的木柵動物園林旺爺爺，算是長壽，

很懷念他。還有黑猩猩、花豹、長頸鹿、白熊、浣熊等。

結束參觀，路上突下大雨，雷電交加，雖有帶傘，仍擋不住雷雨，全身濕透，車子很多，我不熟悉路線，居然走到沒路要逆向，車子一輛一輛迎面過來，好危險，但我怕遲到，沒有躲雨，用跑的回 Host 的舊屋，終於準時下午四點到達約定地點。

沒想到 Host 和女工人正在吃中餐，還要我等她吃完飯和染完頭髮，此時我脫下濕淋淋的長褲和襪鞋，在陽台晾乾等她，因受驚嚇又覺得委屈，心裡很難過，經一小時半後，終於可回 Host 家了。

最後一天早上，Host 拿出她和先生年輕時的照片，他們曾來過台灣，好驚訝，歡迎她重回台灣。Host 又說女兒從墨西哥出差回來，要去機場接她，可以順便送我到機場，很感謝她每次都「順便」接送情。

依慣例我 e-mail 感謝 Host 接待，她回信寄幾張藝術作品給我看，希望下次有機會夏天來，再欣賞。因文化不同、語言隔閡，有時會有誤解，只能包容並平心靜氣的處理了。Host 這種「順便」的接待，比較沒有壓力及負擔，也是不錯的方式。

有多座的火山、天然的溫泉、色彩豐富的工藝品，還有古老的馬雅文化、沒有火車和捷運，是保有原始風貌的瓜地馬拉。

旅遊資訊

※ 依當時匯率換算

英特捷航空 (Interjet)：墨西哥墨西哥城→瓜地馬拉瓜地馬拉市
簽證：免簽證
時差：比台灣慢 14 小時 (-14)
匯率：瓜地馬拉格查爾 (GTQ)：新台幣 =1:4.3；歐元：新台幣 =1:36；
　　　美元：新台幣 =1:33
火山網址：Guatemala.adventure.com
Auroza 動物園網址：www.guatemalaontheweb.com
住宿：Barcelo Guatemala city Hotel：五星級飯店
　　　Servas host family

Panama

現代的巴拿馬 - 巴拿馬市

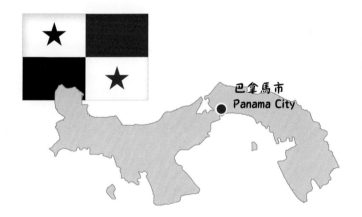

巴拿馬市
Panama City

巴拿馬市 (Panama City)
(2016.06.24-06.28)

　　巴拿馬航空是巴拿馬經營的，當初我在網路訂巴拿馬航空時，就不成功，要我改用美國的信用卡，又要傳送護照和信用卡正反面，比其他航空還要嚴格。從瓜地馬拉到巴拿馬的「單程」機票超貴，是環球旅行者 Line 群組的朋友指點我要買「來回機票」，很意外結果便宜一半，真是感謝朋友的小撇步，還好我訂了青年旅館，過海關時，官員的檢查也蠻嚴格的。

　　巴拿馬市有五位 Host，但都沒回應 e-mail，最後找當地祕書長 Maria 幫忙，她是 Day host，另再找一位 Day host，就等待二位 Day host 帶領兩天的城市之旅了！

景點：巴拿馬運河米拉佛洛雷船閘 (Panama Canal-Miraflores Locks)

　　Day host Eufracio 和他朋友來接我，上車後交換禮物，前往巴拿馬運河船閘（Miraflores Locks）參觀，門票費用本地人 3 美元，外國人則是 15 美元，差別很大，巴拿馬也使用美元當國幣。Miraflores Locks 近市中心，有四層樓，有 3D 電影院、博物館、模擬開船區、建造運河展及船艦模型，有一艘 1854 年的中國船隻，載了 705 名中國人來工作。還有觀景台，剛好看一艘超大貨輪緩緩經過，非常震撼！

　　巴拿馬運河是 1,880 年法國人開始建造，後來發生黃熱病、瘧疾等，很多工人死亡，加上當地地形氣候險惡，1904 年美國人接手，1914 年正式起航，但美國控制運河權，1979 年才交給巴拿馬。

　　巴拿馬共有六船閘，太平洋端有二船閘，大西洋端一船閘，2009 年每年乘載量已三億噸，很多船隻從大西洋經巴拿馬海峽到太平洋，水道從巴拿馬科隆

到巴爾博亞，全長 82 公里，最寬 304 公尺、最窄 152 公尺，2014 年乘載量已超大。2006 擴建至 2016 完工，2016 年 6 月 26 日是擴建完竣典禮，主要在太平洋端增加一航道，還有大西洋端及太平洋端船閘拓寬加長，預估乘載重達 6 億噸。巴拿馬運河縮短大西洋和太平洋的船隻海上航行距離，兩洋相通稱為「黃金水道」，為巴拿馬帶來財富。

參觀完畢，Day host 沿路開車由北端繞至太平洋到最南端 Costa de Este，要我欣賞美麗的沿海風光，還有聳立的現代化商業高樓林立，巴拿馬算經濟不錯的國家，當然主要是運河生意很賺錢。

最後下午 2:30 才到一家傳統餐廳吃中餐，他的朋友都餓昏了。餐點以米飯為主食，有雞肉蔬菜湯，雞肉絲，雞肉醬，還有炸豬皮，炸蕃薯等，飲料是 Chichas 果汁（是檸檬加蘋果等水果汁），餐廳布置成原住民風格，餐點共 14 美元，份量大到吃不完，只好帶回當晚餐。我要自付費，Eufracio 堅持請客。

Day host 是社會工作者，國家社會保護監測評估聯絡人，看的出來很有耐心、愛心，常因工作出差到南美洲，他說巴拿馬運河帶來財富，國家經濟不錯，都在建設中，失業率是拉美國家中最低。感謝他的導覽，度過愉快的一天，我也介紹了台灣景點，歡迎他來台灣旅行！

景點：巴拿馬舊城區（Panamá la Vieja）

Day host Maria 是在巴拿馬出生的華人，有點驚訝的是，雖然她的父母是中國人，但她卻不會講中文。她帶我去舊城區逛逛，首先到 1997 年成立的巴拿馬運河博物館，這天 (2016.06.26) 大廳電視正直播運

河擴建完竣典禮，很多民眾聚集觀禮，一艘中國貨輪首航，原來是在另一船閘 Aguaclara Locks 慶祝，前一天我參觀的是 Miraflores Locks， 和慶典閘門不同，觀禮要事先有觀禮票，因為要人員管制，所以當時我想去 Aguacara Locks，Day host 說已經實施管制，無法前往。

舊城區街道狹窄，很多斷垣殘壁沒有修復，甚至只有一面牆，舊教堂遺跡（Convent de las Monjas de la Concepcion ），只剩一座三角斜牆，政府還在旁邊蓋了一樣斜三角形的房子相互輝映，很有趣。

17 世紀的教堂，如白色大教堂，Merced 教堂有彩繪玻璃，San Jose 和 Nomas de Museo 有黃金聖壇，San Francisco 二樓牆壁有管風琴，還有 San Domingo 修道院，我問 Maria，黃金會被偷嗎？她說不會，到處是警察軍人，我也正納悶，這舊城區警察特多，教堂還需保護？原來是因為還有市政廳、大使館、國家劇院等重要地方。

舊城區沿海岸走向佛朗西亞廣場（Plaza de Francia ），有賣當地帽子及手工藝。再沿著太平洋綿延的綠地公園，聽說才蓋好 2 年，由舊城區延到新城區，新舊交會，從舊建築到商業高樓，一條路的兩邊差距之大，一覽無遺。

巴拿馬捷運 (Metro de Panamá)

終於有空檔能坐巴拿馬市捷運逛逛，旅館離捷運 Via Argentina 站 5 分鐘，要向機器買捷運加公車卡時，雖有英文，最後還是路人幫忙，先買 2 美元票卡，再加值 1 元，一趟捷運 0.35 美元、公車 0.25，捷運只有一條線，共 15 站，其中 4 站有捷運公車，可轉乘。

坐到終點站 Albrook，此地是超大公車總站。總站對面是有遊樂場的超大型購物中心，用動物及熱氣球布置得像動物園，各國美食都有，所以我的中餐就選擇綜合巴拿馬及美國風味的套餐，用餅包雞肉牛肉米飯蔬菜及醬汁的午餐（Burro），雖然有點鹹，但配喝可樂剛好，套餐的費用是 5.5 美元，巴拿馬物價平平。

　　終於在巴拿馬體驗搭捷運一日行，自由逛、隨意吃，好愜意。環球之旅接近尾聲，原雖計畫 101 天，因掛心大姊生病住院，也擔心 88 歲年邁老爸，所以縮短為 96 天。因改變計畫，機票多付 5,600 元也不後悔，將提前結束巴拿馬及上海行程，早日回台北才能安心。

旅遊資訊

※ 依當時匯率換算

巴拿馬航空 (Copa)：瓜地馬拉瓜地馬拉市→巴拿馬巴拿馬市
簽證：免簽證
時差：比台灣慢 13 小時 (-13)
匯率：美元 : 新台幣 =1:33
巴拿馬運河船閘網址：vistcanaldelpanama.com
住宿：Hostal Villa Toscana（青年旅館）

第四階段・探親之旅

2016.06.29 — 07.06

China

速變的中國：上海和南京

南京 NanKing　上海 Shanghai

上海會女兒相見歡 (Shanghai，2016.06.29-07.6)

　　巴拿馬飛阿姆斯特丹 10 小時，等轉機 5 小時，再飛上海 10 小時，為了見女兒也真漫長，可見親情的重要。

　　終於抵達上海，很高興見到了女兒，雖然沒有擁抱、沒有握手，但是喜上眉梢，笑得合不攏嘴。這已是我第三次來上海，每次看到的上海，變化都很大，發展實在相當快速。我曾自坐地鐵到處走走，所以並不陌生。現在有 14 條線，1993 年開通營運。坐公車（2 元人民幣）轉捷運（2 元），比台灣車資便宜，上海捷運和高鐵出入都需 X 光檢查行李，高鐵訂票更要有身分證明號碼、姓名，拿票也要台胞證或身分證或護照。

　　我這次旅行在瑞典斯德哥爾摩、芬蘭赫爾辛基、巴拿馬市、墨西哥城、荷蘭阿姆斯特丹六國都坐過地鐵，巴拿馬地鐵最新，座位最少，墨西哥城捷運警察最多，墨西哥城和上海市最擁擠，但只有上海用 X 光檢查手提包或背包，雖覺得麻煩，但也覺得很安全。

　　坐荷蘭皇家航空從阿姆斯特丹到上海這段，飛機上冷氣特強，我感冒了。記得環球初段冷氣不足，所以對荷航印象不佳。在上海時間幾乎在休養、調時差。只能待體力好點，準備逛逛七寶古鎮和南京。

景點：上海七寶古鎮

　　據說是宋朝就有此鎮，是買賣重鎮，中國 2001 年重新整理規劃古鎮，老街、小橋流水很美，進入古鎮先是賣衣物用品，後面才是食品，羊肉、湯圓、豬腳、烤肉串、酸奶等商家，規劃的街道很寬敞，店家也有分區，很整潔，和我們的九份有點像，不過九份街道窄，用品和飲食不分區，不如七寶整體化。

涼粉、豆包、甜湯圓都好吃，我還買了鹹湯圓、豬腳當女兒的晚餐，算是媽媽的心意。

　　上海物價約為台北 1.5-3 倍，台北一個進口奇異果賣 10-15 元，上海要台幣 25 元，速食店早餐套餐 150 元（飲料和蛋堡），台北只要 60 元左右，上海的物價真是超貴！

　　租屋就要看地段，女兒所居的閔行區，一套房約 3,000-4,500 人民幣（CYN），女兒住雅房就要 2,800CYN，聽說浦東更貴，所以在上海生活大不易。不過住久了，也會知道哪裡有便宜的市場、餐廳，在傳統市場採購，一定會比超市便宜，只是女兒工作忙碌，沒空煮飯，還好公司中餐晚餐都有開伙，她也樂得輕鬆！

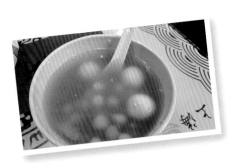 

景點：南京 (Nanking)

母女坐高鐵，時速 300 公里左右，到南京約一小時半，單程票價 134.5 人民幣，這輛車可到哈爾濱，我曾在 2014 年從湖南長沙搭高鐵去武漢，中國交通越來越方便。

到南京時，天空下雨了，我們就坐捷運門口的園內車到中山陵門口，有四層階梯，每層都有一大段平面，可稍做休息，所以不難爬，比起我在墨西哥去爬太陽金字塔，簡單許多。終於到達最頂端的國父雕像廳，由上往下可眺望整個中山陵，園林十分廣闊。

南京大牌檔餐廳布置的古色古香，南京菜偏甜，偏油，很下飯，我吃了一大碗飯，價錢也算便宜，好吃的牛腩粉絲、椒麻雞等六道菜，才台幣 750 元。尤其是古法桂花糖芋苗，這是一道不會太甜的甜品，除了桂花香氣唇齒留香，口感也是入口即化，很值得推薦！

夫子廟及秦淮河兩岸都是商家，蓋的店面也仿古，比較商業化，但很寬敞，不擁擠。接著走到烏衣巷，巷裡有一個古井，還到白鷺洲公園，有湖泊和小橋、柳樹，有點像大湖公園的感覺。

旅遊資訊

※ 依當時匯率換算

荷蘭皇家航空 (KLM)：巴拿馬巴拿馬市→荷蘭阿姆斯特丹→中國上海
東方航空：中國上海→台灣桃園
簽證：中國免簽證，需台胞證
時差：與台灣相同
匯率：人民幣 (CNY)：新台幣 (TWD)=1:4.7
中國高鐵訂票網址：www.ctrip.hk
高鐵行程：上海→南京→上海
住宿：女兒租屋處

這次環球慶生之旅，共 18 個國家，比計畫中多一個國家薩爾瓦多，我曾經去過的國家只有荷蘭和中國二個國家，所以在我遠程計畫中增加 16 個國家，快速累積中，現已增為 54 個國家，距離目標 100 個國家，越來越近了。

這次旅行，國與國之間坐飛機，我搭乘了 15 種飛機，共 24 段（含轉機 4 段），其中內陸的有墨西哥梅里達至墨西哥城的 Interjet 及雷克雅維克至冰灣市來回的冰島航空，共 3 段。廉價航空只有 Wow、Air Baltic、Condor、Interjet 四家，旅費中我個人機票費用佔我總旅費約一半。有人說廉價航空的開水、餐點自費，服務不好，我的經驗，其中德國的 Condor 及墨西哥的 Interjet 有免費餐點及行李托運，服務評價很高。

至於住宿，這次旅行體驗了飯店、旅館、青年旅館、民宿、學校住宿家庭及公寓、airbnb、Casa 及 Servas host 家庭，我最喜歡 Servas 家庭，我喜歡有「家」的感覺，讓人覺得安全又舒適，文化交流後，更能深入瞭解當地人生活。

朋友提及要有雄厚財力，才能環球旅行，而我這趟旅行，相當便宜，這歸功於我加入 Servas 組織，接受 11 國，11 位 Host 及 3 位 Day host 不收費的食宿招待，有些 Host 還貼心至機場及車站接送，旅費也節省了不少。

這次旅行都是吃得簡單，盡量體驗吃當地餐，住宿及交通多樣化，走很多路、看景點古蹟、擠公共運輸工具，還有讀西文，沒有趕行程去很多城市，可以說是慢遊。旅行結束後，發現自己居然「瘦了 5 公斤」，也算是額外的收穫，也賺了減重費用。自助旅行自己動動腦、動動筋骨，融入當地生活又省錢，也是不錯的旅行方式！

2016年7月6日到桃園機場，很高興尼伯特颱風沒影響我的航班，先生也請假來接機，一下飛機，馬上前往桃園龍潭看老爸，三個多月不見，很想念，還好老爸安康，環球完結篇～父女相見歡，我終於回到溫暖的家，也完成我96天環球慶生之旅，此生了無遺憾了！

再續前緣──波蘭友人

不到一年的時間（2017.02.25-28），很高興波蘭一家三口來台北重逢，我去機場接機，並帶他們去買悠遊卡，指導他們如何搭公車捷運到火車站及回家！

準備中式餐點招待，這三天的早餐種類非常多元，有菜包、饅頭、碗粿、油條、花捲、蛋餅，葱油餅及豆漿，我還準備火腿、肉鬆，及炒蛋和高麗菜，可以夾饅頭。我告訴他們，饅頭夾料是「中式漢堡」，難得貴客臨門，我只想請他們品嚐所有中式早餐。Kasia 說這幾天早餐很豐盛好吃，饅頭有祖母的味道，在以前俄羅斯統治波蘭時，祖母有做過類似的餅。Marek 說台灣早餐特別好吃，頻說「好吃」！還說了中文「謝謝」呢！

在波蘭炒米粉，那我在台灣煮什麼晚餐招待呢？當然是有名的牛肉麵囉！順便滷蛋、滷豆干等，他們齊聲說太棒了，詢問我的配方，我只用了滷包和醬油，Marek 飯後急著請先生帶他去超市買了滷包、胡椒粉及玉米濃湯包。

波蘭一家三口初次來台灣，我是他們第一位在波蘭認識的台灣人，我在波蘭炒的米粉，他們稱為「yufang noodle （語芳麵）」，常介紹我的事給朋友們，說我是勇敢的女性，環遊世界做為 60 歲生日禮物，所以很想來台灣看看。

Kasia 說我是「天使」，送我一木製天使模型，先生贈雞年小花燈給小朋友 Aga，他們也回贈波蘭餅乾。Aga 說去年我去波蘭送的小猴花燈，他們還掛在燈上，有次在家裡辦活動，主題是亞洲，Aga 介紹中國十二生肖的故事，並展示小猴花燈「Papper Monkey」給同學參觀！

Kasia 她從 21 歲就愛旅行，已環遊世界 70 國，最喜歡墨西哥和韓國，來台灣後就愛上了台灣，台灣人很友善好客，又有很多美食！

我問 Aga 是否喜歡跟爸媽去各國旅行？她說：「喜歡，因為每天都可以看到新鮮的事！」這和我的看法很接近！

Aga 跟著父母世界走透透，因為經常接觸新事物，早早就有國際觀。他們去旅行，都可向學校請假，是一種自我學習，也正是因為波蘭教育很彈性，父母隨她興趣才能發展。反觀台灣的教育是填鴨式教學，若沒去學校讀書採自學方案，父母會更辛苦。

四天三夜的接待，在 Kasia 寫下感言，她先生、女兒簽名，Aga 平日喜歡畫畫，還特別畫了一隻可愛的公雞圖，畫下句點。再會！波蘭友人！我們也完成 Servas host 文化交流，交換住宿的使命！

只要是經常旅行的人，免不了都會被問到：

「去了這麼多國家，你最喜歡哪一個國家啊？」

「出國旅行，你的語言能力一定很強吧？」

「去環遊世界，不就要花很多錢嗎？」

「放下家庭去旅行，家人不會有意見喔？」

「旅行之後的你，跟旅行前有什麼不同呢？」

接下來且待我娓娓道來：

走過 18 國，嚐遍美食、走遍美地、看遍美景，接觸不同人和文化

這一系列的國家裡頭，我最喜歡的國家是墨西哥，除了交通很方便，有古蹟奇琴伊察、太陽、月亮金字塔，免費動物園看貓熊，還有吃美食 Taco，可以感受到當地的人們也很努力的生活。

也喜歡波蘭的物價便宜，Host 熱忱親切，有機會讓我的台灣菜 PK 波蘭菜，很有意思！古巴熱情的音樂，始終陪伴我、安慰我的可愛天使西文老師，讓我很想念。

冰島冰灣市的雪山是世界絕美的夢幻景觀，Flateyri 小鎮飄雪，是與 Host 千里迢迢排除萬難來相會的難得緣份。

俄羅斯聖彼得堡冬宮的金碧輝煌，陶醉在俄羅斯芭蕾舞饗宴中，都令人難忘！

語言不是問題，重要是勇於表達的心態

有朋友問：「你能出國自助旅行，又環球世界回來，英文程度應該很好。」實際上，從國中到大學都在讀英文，但一見到外國人就不敢開口，平日也很少有說英語的機會。出國旅行，確實使英語的進步神速，不再害怕接觸外國人，旅行用的英語其實很簡單，而深談的話，還是可以用簡單的話去形容或用網路圖片說明。

至於學習西班牙語，畢竟年紀大了，學了容易忘，忘了就再學。到中美洲旅行，只要學會問路、點餐、付帳、買東西及坐車，聽不懂再搭配肢體語言溝通或手機網路資訊。因為旅行，的確英文與西文都進步了，但語言不是問題，重要是勇於表達的心態。

善用 Servas 國際組織，讓旅行深入又省錢

加入 Servas Taiwan 二年，一趟環球之旅一下子初體驗 Servas 11 國 11 家住宿家庭—瑞典、丹麥、芬蘭、挪威（2 家）、冰島、波蘭（2 家）、盧森堡、墨西哥、瓜地馬拉，3 位 Day host—俄羅斯、巴拿馬（2 家），做了民間國民外交，也節省很多旅費。

多數 Host 很熱心，用心準備早晚餐，提供景點、交通、換匯等資訊，少數人因工作忙碌，準備簡單餐點，我們就入境隨俗，心存感謝感恩，若個性不太契合，也互相包容。

這次的使用經驗，我深深了解到在人生地不熟的地方，若有當地人願意伸出援手幫忙，旅行將更順利，體會到應盡早迅速回應會員的 e-mail，也有助於我將來更能扮演稱職的 Host 及 Traveler 角色。當然也要將台灣景點、習俗、宗教、教育及政治等，廣泛地介紹給朋友，避免只是把 Host 家當作旅館，而是盡量多多文化生活交流。

返台不到一年時間，當初接待我的波蘭一家三口便來台旅行，有了具體的文化交流成果，相信未來會接待更多來台灣觀光的友人！也感到幸運加入這國際組織，讓我享受意想不到的跨文化交流的樂趣！

環球旅行，讓老夫老妻創造出新興趣

先生忙於工作，較少國外旅行，此次環球之旅初期夫妻同遊北歐，接受 Servas 六個家庭熱情款待，與 Host 深入溝通，更清楚了解各國生活差異。這種能省錢的玩景點，又可達到文化交流目的之旅行方式，先生也產生了興趣，夫妻終有共識，將來共遊的機會大增。

旅行後的我，擴展了視野與國際觀

出社會幾十年來，我的生活及工作一直很單純，接觸的人事物也比較侷限，更別說了解世界文化、關心世界的脈動。環球之旅讓我接觸更多國家，進入外國人的日常生活，讓我對異國文化好奇、關懷，也從溝通中了解，擴展我的視野與國際觀。

另一個人生階段的開始

為了多愛自己，打算送自己最棒的生日大禮，特別策劃了環球 18 國的旅行，也朝向我預計旅行 100 國的目標，邁向一大步，信心大大增加，也深深享受達到目標的無限喜悅。

環球之旅不僅僅是慶祝我的 60 歲生日的禮物，從此因旅行的收穫及觀念思維的改變，加上出版新書而開展出不同於過往的人生際遇，則是另一人生階段的開始。

我原是思想傳統的東方人，栽培孩子到大學或研究所，也為孩子準備好房子，期待他們結婚後同住，將來幫忙帶孫子，覺得一切都是這麼理所當然。

對事情的看法翻轉，能接受孩子需要獨立的觀念

出國環球旅行這幾年來，親眼看到國外的家長把孩子教養到高中或大學，就讓孩子獨立，結婚搬出去住更是正常，我的觀念在旅行中也跟著翻轉，接受孩子長大就該與父母分離，自己獨立生活，老年的父母能找到自己的興趣，規劃自己的生活，才能讓孩子放心！

以前對年輕人辭職去環遊世界不以為然，覺得都還沒賺夠錢就及時行樂，很不可取，人不就應該要趁年輕努力打拼，等退休後再好好玩嗎？但現在的我，卻鼓勵大家趁年輕去旅行，早點擴展視野，找到自己人生的目標；當然，像我一樣退休了去環球旅行也不嫌晚，我個人的壯遊足以證明年齡不是問題，關鍵是有沒有下決心和勇氣。旅行讓我對許多人事物的看法翻轉，思維改變。

找到最愛的旅行方式—人文交流

退休五年以來，有跟團、半自助旅行和自助旅行，去過很多國家，看了很多教堂、博物館、世界遺產、奇景，跟團雖行程豐富滿檔，有時為趕景點，急著照相，回到家以後，對去過的地方印象並不深刻。

到頭來，發現自己最感興趣的旅行方式，就是輕鬆慢遊自助旅行。我最愛進到不同的家庭裡，與當地人互相交流，實際融入生活的體驗，去逛當地人的傳統市場、到攤販吃東西，聊聊當地的教育、醫療、家庭及美食等，和當地人一起擠捷運、公車，透過尋常的生活點滴，讓自己融入當地生活及文化。

更珍惜家人，沒有可計較的事

出國旅行，我很少想到家人。

因為每天都可使用 wifi、Line，家人好像在身邊，隨時有很多新鮮的、有趣的人事物出現，目不暇給，沒時間想念；在沒 wifi 的古巴二週，我特別想念家人，感覺自己好像斷了線的風箏；在人煙稀少的冰島，風雪吹著西北方冰灣市，我獨自走到教堂旁的墳墓區，想起已逝的母親，忍不住流淚；在瓜地馬拉市雷電雨交加的傍晚，會擔心生病住院的大姊和 88 歲年邁的老爸。原來，是旅行讓我了解自己脆弱的地方。

返國後，看見朋友們為子女不孝順、婆媳問題、夫妻問題等等在傷腦筋，我彷彿看見以前的自己。現在的我，更珍惜家人，覺得沒有什麼事情可以讓我計較，看來自己應該是轉念了。

更有勇氣面對困境，不因擔心害怕而裹足不前

旅行除了快樂的事，也會經歷一些可怕、令人生氣及難過悲傷的事。

經歷了多次迷路，斯德哥爾摩遇到扒手、冰島遇風雪班機停飛、沒網路可用的古巴、煩惱 Host 難連絡及不易相處問題、冰島及古巴計程車坑人、訂巴拿馬機票不順利、在瓜地馬拉飛機迫降及暴雨逆向行走在街道等等，因我有這些經歷並一一面對、冷靜解決問題的經驗，就算知道旅行難免會遭遇搶劫、疾病、死亡等風險，但卻無所畏懼，現在已經沒有什麼可以阻止我上路，因為我更有勇氣也更有面對困境的智慧了。

旅行讓我的心胸更寬大，願意分享

以前的我把焦點放在自己身上，只專注在小我及家庭，對公益事情比較不參與，剛退休則急於擺脫麻煩的人事物，一心只想做快樂的

事，過快樂的生活。在國外受到 Host、Day host 熱忱款待、西班牙文老師的陪伴指導，還有警察、路人等的幫忙，點點滴滴受人恩惠，漸漸改變自己的處世態度，不知不覺開始對事情較熱心、對人較有耐心，也會不時推薦品質好或免費的旅遊及親子講座給朋友，行銷好書及好團體，樂於捐款給公益團體，幫忙弱勢團體等。

旅行讓我的心胸更寬大，將來也願意幫助更多的旅行者及弱者，達成文化交流的使命。

我個性偏嚴肅，原本膽子不大，個性直爽不太擅言詞，人際關係向來較冷淡，因旅行讓生活變豐富了，視野大開，也樂於在任何場合分享個人經歷，一談到我的旅行經歷，就精神抖擻，突然變年輕，也常鼓勵大家不限年齡，勇敢的踏出第一步，實踐自己的夢想。

確認自己有能力追求夢想

求學階段表現不算頂尖，工作生涯也自覺侷限，前半生只能算平凡的人，沒充分發揮天賦及能力。退休後尋尋覓覓，終於發掘到自己的長處，原來我擅長規劃，執行能力強，是百分百的行動派，而且有勇氣去追求夢想，邁向環遊世界的壯舉，還發現自己對學習語文及寫作的興趣且有堅持力，未來將持續朝這方面努力，如今充分肯定自己是有自信且能追求夢想的人。

當初只是單純懷抱著環遊世界的夢想上路，完全沒有料想到自己居然會被旅行改變，並且在這五年中得到許多無形的禮物，很多人都說我變得更亮麗、也更有光彩。或許在人生的上半場，我因為主客觀的種種條件限制，沒讓自己充分發揮潛能，從今而後，我除了在旅行路上繼續精進，在完成我的一百個國家壯遊的過程中，也樂意支持與協助像我這樣的熟齡族，勇於走出固有的自己，在旅途中一次又一次和未知的自己相遇！

後記－友情無國界，交流促進和平

在決定寫書後，開始排除社交生活，斷絕與外聯繫，閉關中，每天專心寫稿，而逐漸淡忘的旅行一一浮現，人事物場景歷歷在眼前，也喚起我的記憶，有時寫到半夜一、二點，累了，想睡卻久久不能入眠。這些旅行的片段，不斷浮現在腦海，時空彷彿回到當時，不停回放我的歡笑、悲傷，還有惶恐，一遍又一遍地出現。這也促成我要寫書的動力，唯有書寫，才能讓這一切成為永恆，讓讀者分享我的喜怒哀樂！

在波蘭一家三口今年來台時，高昂的情緒更催化了我，回想我在波蘭也受到他們熱情接待的情景，華沙的景點、波蘭菜 PK 台灣菜等等。他們是我環球慶生之旅時，鼓起勇氣獨自和外國人一起生活的第一個家庭，也是在台灣重逢的第一家。我的勇氣和熱情，讓他們留下深刻的印象，讓他們想來看看台灣的美、台灣的人情味，還有台灣的美食。原來退休後的我，還是有功能，不再覺得國家社會不需要我了！

我原本和一般傳統的父母一樣，總希望子女成龍成鳳，但往往事與願違，我想掌控孩子，卻也改變不了。所以就只好改變自己，不再把焦點放在他們身上，當兒女看到我的改變，聽到我暢談冒險之旅，不再整天嘮叨，自然也改變了行為、態度，開始計畫他們自己的未來，追求夢想了！我也鼓勵天下的父母，不要過度擔心兒女，要勇敢的走出自己的路，好好規劃自己的生活。

在寫稿的過程，我開始聯絡，寫 e-mail 或 FB 問候旅行中接觸過我的朋友、老師及同學。結果瓜地馬拉市 Host Adela 第一時間就回覆，旅行當時相處不太契合，我們居然 e-mail 一來一往持續中，太驚訝了。古巴哈瓦那的西文老師 Diana 沒有 e-mail，她向學校借電腦，回信謝謝我寄的照片。同學 Sandra（義大利裔）在瑞士回信問候。

遠在冰島的 Adda 回覆我正在下雪，那裡氣溫是零下 5℃，正要過白色復活節，她知道我愛賞雪，還特別寄了照片給我觀賞，真懷念。

芬蘭赫爾辛基 Kinno 夫婦去瑞士看小女兒，也去了愛沙尼亞賞鳥，女主人忙著帶孫，看來安恙，我就放心了。

挪威奧斯陸 Tore 回覆說，今年天氣多變化，有下雪，現在櫻花開了。卑爾根女主人 Monika 還記得一年前的我們，他們全家都很好。

墨西哥城 Fabia 也告訴我，女兒和老婆去佛羅里達坐遊輪了；巴拿馬華裔 Maria 不曾去過中國，她卻說明年要回去，我邀請她就近來台北玩。期待其他人也陸續聯絡上，真是友情無國界！

在拉脫維亞猶瑪拉共遊的德國情侶 Lieschen & Johann，一年後喜獲一女嬰，真是恭喜！Lieschen 提及德國生育率 1.44%，為鼓勵婦女生產，有很多優惠措施，例如產前休假 6 週、產假 8 週、一年育嬰假有 67% 薪水。台灣沒預產假，產假 8 週，育嬰假半年內有 50% 薪水，生育率 1.12%，全世界倒數第三，德國鼓勵生育的措施，值得參考。

這些旅行回憶一幕幕在我腦海盤旋，雖有些人沒有聯絡，但世界之大，地球是圓的，也許有一天我們還會再相聚，很感謝因有他們的陪伴及幫助，讓我順利完成環球之旅。

當然要感謝先生永連在最初二週旅行的陪伴與協助，給我有自由的空間，繼續完成環球之旅。也謝謝老爸送紅包，祝福我旅途平安快樂，並鼓勵我以他的朋友為範例，留下紀錄後出書，在台灣的親朋好友、同學及 FB、LINE 上的朋友，不斷地給我加油打氣，隨著我的旅行日記情緒起伏，尤其古巴二週斷訊後為我擔心達到高峰，期待大家也會喜歡我的處女作品，繼續支持我！

最後，博客思出版給我這新手機會，感謝總編輯及團隊，因我們的合作，才能真實又完美的呈現《熟女壯遊 勇闖 18 國～改變思維的環球之旅》。

2017 年 4 月 3 日，FB 提醒，跳出了我一年前我們到達第一站斯德哥爾摩的情景。轉眼之間，我的環球慶生之旅也屆滿一年了，很想念第一位接待的 Host 夫妻，女主人 Cattis 有回信給我，男主人開刀後病情好轉，還去了嚮往很久的在摩洛哥西南的西班牙屬地加納利群島（Canary Islands）渡假。

很遺憾同一天，聖彼得堡地鐵發生恐怖攻擊爆炸案，死傷慘重，Day host Sveta 也曾帶我坐過地鐵，真是不勝唏噓，我也著急得寫信問候 Host，她也回覆我一切安好，我祝福她在遙遠的國度平安快樂。

而 4 月 7 日斯德哥爾摩又發生貨車撞人恐怖攻擊，造成死傷，e-mail 關心 Host Cattis，她回覆：「我們全家安全，然而對世界各地發生這些不幸的事情，感到難過和生氣，但是透過不同國家、文化、宗教背景的人相互接觸，相信可以改變一切」。我認為這就是 Servas 的宗旨，目的是促進世界和平。

這次規劃的行程，大部分國家與我們台灣沒有邦交，但多數國家是免簽證的，只有墨西哥須簽證。而透過民間文化的交流，更期望能促進世界和平。

近六年來恐怖爆炸案在歐洲及中東頻頻發生、層不出窮，扒手集團防不慎防，出國在外，無論哪個國家，都要處處提高警覺，小心提防，身家性命安全為第一原則，遊樂擺第二，旅行才能長長久久！

先生永連

　　夫妻旅行二週，與六國的家庭相處，相互交流，體驗不同文化與美食，深入瞭解他們對社會及家庭觀念的想法，後來因緣際會，又能在中美洲的薩爾瓦多及瓜地馬拉相見歡，讓我更懂得要珍惜兩人一起旅行的機會，學習儘量放下，我自己未來退休後，也要積極參與社會公益，找出自己未完成的夢想，去規劃，去完成它，讓自己的人生了無遺憾。

　　語芳完成 96 天的旅程，我佩服她的決心與毅力，設定的目標，哪怕有再大的困難，一定想辦法去面對及克服它，從規劃行程，聯絡住宿家庭，到訂購機票及船票，隨時都可能因為外在因素而有變化，她不但一個人隨機應變，而且一一加以克服，順利完成所有行程，這種為達目標而奮戰不懈的精神，值得大家學習。

兒子睦軒

　　一開始得知媽媽要自助旅行時，擔心成份居多，會不會遇到危險？會不會無法溝通？但仍支持媽媽的決定，仔細想想，還好沒有阻止媽媽踏上冒險的旅程，不然也無法看到現在的改變，充滿著自信、勇氣和愛的媽媽，我感到非常驕傲！

女兒睦容

　　從小就覺得媽媽是超人，忙著上班，下班後還要煮飯、做家事、照顧我和哥哥。說起來，在我開始工作之前，媽媽人生的重心大部分都在孩子身上。一直到媽媽退休後才有時間真正認識到自己，規劃自己的時間。

　　2012 年秋天，我攻讀碩士，媽媽陪伴我一起到英國，一方面也是擔心我這個膽小的女孩在異國獨自生活會有困難，另一方面，她終於真正開始享受人生、享受旅行。從一開始連機票都不知道怎麼訂票，到現在可以獨自規劃整個慶生環球之旅，超人媽媽沒有辦不到的事情。

　　每當我遇到困難，媽媽也會說她環遊世界的故事，帶給我鼓勵及啟發，就像旅程中不知道下一秒會遇到什麼事、哪種人，每個人事物都會在生命中留下痕跡，所以就看你要以什麼心態去面對去解決。

爸爸善民

　　女兒語芳於五年前退休，開始環遊世界，我會擔心她。後來看到她很順利，我就放心了。我鼓勵她將所見所聞作完整記錄，如今已完成，並將經歷編撰成書，讓讀者了解其勇敢奮鬥的精神，以及提供旅遊資訊。

附錄一：Servas Taiwan
（台灣國際旅遊交換住宿和平促進協會）

Servas 是世界語中「服務」的意思。這是一個非政府的、非營利的國際互助網絡。由接待者（Host & Day Host）和旅行者（Traveler）組成，接待者帶領旅行者認識在地城市文化、入住家中，讓不同文化和背景的人士之間有接觸的機會，建造一個互相瞭解，彼此尊重的世界，實現世界和平的目標。

1949 年二次大戰結束後，由一群愛好和平的年輕人在丹麥聚集，一位美國反戰青年 Bob Luitweiler 提出構想，一面讀書，一面旅行，開放自己家庭，達到互相交流，促進和平目的。

1972 年 Servas 正式在瑞士成立，隔年納入聯合國非營利組織，目前國際組織有超過 100 國家 15,000 家庭和個人是會員。

楊清濱先生於 1978 年成立 Servas Taiwan， 2013 年正式在內政部登記為：「台灣國際旅遊交換住宿和平促進協會」，目前台灣有 80 位會員。

申請成為會員：

須是中華民國國國籍或居住在台灣的外國人，年滿 20 歲；若滿 18 歲，未滿 20 歲者，須經監護人同意，並認同 Servas 理念者。

身分有分為 HOST/DAY HOST/TRAVELER，申請時，經面談，能了解 Servas 宗旨，能以英文 (或其他外國語言) 溝通者。Day host 是白天城市導覽，Host 是提供「3 天 2 夜住宿及早晚餐」給 Traveler，不收任何費用，並進行文化交流。須繳交入會費及常年會費。

申請出國交換住宿和導覽：

申請推薦信（Letter of Introduction；LOI）及貼上國際組織郵票（Stamp），Traveler 及家屬繳交郵票費，LOI 可用在有會員的國家及城市，期限 1 年，不限次數。

Servas Taiwan 網址：www.servastaiwan.org
Servas international 網址：www.servas.org

　　我的夢想是環遊世界，目標是 100 國，儘量挑選「尚未去過的國家」，以增加目標數，以「免簽證國家」為原則，減少因簽證問題而增加成本及時間，最重要是我喜歡觀賞難得的雪景，也比較適應暖和的天氣，**選擇最嚮往的「北歐及中美洲」國家**。我是「101」年退休的，有象徵意義，最好是超越 100，跨出自己的「僵化的藩籬」。最後決定歐洲中美洲及亞洲「三大洲 17 國，及 101 天」。

環球之旅計畫 3 大洲（歐美亞洲）101 天 17 國

歐洲　　第一階段 · 夫妻同遊北歐（4 月 2 日－ 16 日）

台灣桃園→荷蘭阿姆斯特丹（轉機）→瑞典斯德哥爾摩（遊輪）→愛沙尼亞塔林（遊輪）→俄羅斯聖彼得堡（遊輪）→芬蘭赫爾辛基→挪威奧斯陸（火車、遊輪、巴士挪威縮影）→挪威卑爾根→丹麥哥本哈根（先生 4 月 16 日飛台北）。

　　　　　第二階段 · 獨遊東西北歐（4 月 16 日－ 5 月 9 日）

丹麥哥本哈根→拉脫維亞里加→立陶宛維爾紐斯→波蘭華沙（火車）→克拉科夫（火車）→華沙→冰島雷克雅維克→英國倫敦（轉機）→盧森堡→荷蘭阿姆斯特丹。

中美洲　　第三階段 · 獨遊中美洲（5 月 9 日－ 7 月 1 日）

荷蘭阿姆斯斯特→德國法蘭克福（轉機）→古巴哈瓦那→墨西哥坎昆（遊覽車）→奇琴伊察（巴士）→梅里達→墨西哥城→瓜地馬拉瓜地馬拉市→巴拿馬巴拿馬市

亞洲　　第四階段 · 探親之旅（7 月 1 日－ 11 日）

巴拿馬→荷蘭阿姆斯特丹（轉機）→中國上海（高鐵）→南京（高鐵）→上海→台灣台北，完成我的慶生之旅！

行程準備

✓ 訂機票

來回機票向旅行社購買，其餘跨國及城市間機票就網路訂購。

（我最常用的航班網址：www.skyscanner.com.tw）

✓ 申請 Servas 推薦信（Letter of Introduction; LOI）

填寫基本資料及自我介紹、曾經去過或準備旅行的國家等，繳交國際組織郵票費用並取得各國會員名單(List)。

✓ 電子郵件 (e-mail) 聯絡 Host 及 Day host

逐一聯絡各國 Servas host 安排住宿，在若一週沒回應，連絡下一位 Host。沒有 Host 的國家城市，聯絡 Day host 白天導覽。

✓ 訂旅館

沒有 Host 的國家或 Host 沒有回應的城市，就先訂旅館，網路篩選條件，「最便宜」、離機場或車站近「交通方便」、「評價好」，以及「可取消」的旅館為原則。可善用 booking、Agoda、trivago、airbnb 等訂宿網站。

（我最常用的旅館網址是：www.booking.com）

✓ 訂當地旅行團

上網訂「聖彼得堡遊輪」四天三夜行程，「挪威縮影」一日遊等當地小旅行。

✓ 電話及 wifi 網路

每個國家約停留 2-8 天（只有古巴二週，墨西哥三週），大部分國家停留時間很短，預付卡會太浪費，旅行太多國家，也不方便提前申請網路，盡量使用當地「免費 wifi」，必要時使用「電話漫遊」。

✓ 訂西班牙語文學校

這次旅行，選擇在「古巴」和「墨西哥」停留時間二至三週，需要多點時間了解其文化，能與當地人進行簡單溝通，考量以「學校評價佳」和「學費便宜」，最後選定在「哈瓦那及墨西哥城」，學西文各一週。

（我最常使用的學習外語的網址：www.languagecourse.net）

✓ 免簽證／簽證／護照

經挑選的國家 15 國免簽證，古巴買「觀光卡」即可，搭俄羅斯遊輪「免簽證」俄羅斯 72 小時，只有墨西哥須要「簽證」，本人必須親自辦理，費用美元 36 元（台幣 1,204 元），核發停留 180 天。護照效期需出發前 6 個月以上。

墨西哥商務簽證文件暨文化辦事處
地址：台北市信義區基隆路一段 333 號台北世貿中心國貿大樓 15 樓 1502 室
電話：(886-2) 27576595

✓ 準備行李

行李有禮物（紀念品及鳳梨酥佔 3-4 公斤）、食材（米粉、濃湯包、咖哩塊及泡麵）、旅遊書三本、Servas host 名單，旅館交通機票等資料，盥洗用具、冬夏衣物（跨北歐氣候 0-10℃及中美洲 20-30℃，共二套防風雨防雪衣褲，夏天四套，儘量以「洋蔥式穿法」，二雙鞋、圍巾毛帽二套，四雙襪，遮陽帽及雨傘各一），手機、轉換插座等。

✓ 買禮物

要送國外 Host 禮物，挑選具有「台灣特色」的小紀念品如天燈、101 大樓磁鐵、台灣島形鑰匙圈及指甲剪、國父肖像及原住民雕刻等，「外國人最喜歡的台灣名產」鳳梨酥（保存期限三個月）及有意義的猴年小花燈，送給國外大小朋友。

✓ 換匯

在「熟悉有開戶」的銀行換匯，反而可「免手續費」，又可談到較佳「匯率」，我在花旗銀行換些美元及歐元，其餘預備帶四張信用卡刷卡及金融卡四張在當地領現金貨幣，所以順便「開跨國提款號碼」（有朋友指導我多帶幾張卡，因有些國家某些卡不能用，以備不時之需）。

✓ 確認機票住宿及行李

確認行囊，愈簡單越好，所以經確認只有一「中型行李箱」，一背包，一小側包，先生只旅行「二週」，少一側包。使用出國確認清單(Check List)檢查必備行李，當然最重要的是護照、簽證、機票、手機及信用卡、金融卡、美元及歐元。

有關住宿，第一段與先生的旅程 2 週 6 國，及我的第二段 6 國初步已安排妥當，至於「中美洲 4 國」，邊走邊安排。

Note

地圖行程－中美洲

墨西哥

墨西哥城

梅里達　坎昆　　雲尼斯　古巴哈瓦那

奇琴伊察

瓜地馬拉

瓜地馬拉市　　聖·薩爾瓦多
薩爾瓦多

前往上海

巴拿馬
巴拿馬市

起點

飛機

汽車

巴士

起點 ○
飛機 ——
火車 - - - -
遊輪 - - - -
巴士

冰灣市

冰島
雷克雅維克

卑爾根

挪威
奧斯陸

瑞典
斯德哥爾摩

芬蘭
赫爾辛基

俄羅斯
聖彼得堡

塔林
愛沙尼亞

里加
拉脫維亞

丹麥
哥本哈根

維爾紐斯
立陶宛

英國
倫敦

阿姆斯特丹

荷蘭

華沙

波蘭

克拉科夫

盧森堡
盧森堡市

德國
法蘭克福

前往古巴

地圖行程－歐洲

187

冰灣市

冰島雷克雅維克

墨西哥坎昆

墨西哥城

梅里達

古巴

瓜地馬拉

薩爾瓦多

巴拿馬

地圖行程：台灣－荷蘭（轉機）－瑞典－愛沙尼亞－俄羅斯－芬蘭－挪威－丹麥－拉脫維亞－立陶宛－波蘭－冰島－英國（轉機）－盧森堡－荷蘭－德國（轉機）－古巴－墨西哥－薩爾瓦多－墨西哥－瓜地馬拉－巴拿馬－荷蘭（轉機）－中國－台灣

挪威奧斯陸

卑爾根

瑞典

芬蘭

俄羅斯

丹麥

愛沙尼亞

拉脫維亞

荷蘭

立陶宛

波蘭

國

盧森堡

德國

中國上海

台灣

生活旅遊8

熟女壯遊，勇闖世界18國
改變思維的環球之旅

作　　　者：胡語芳
美　　　編：Fay
封 面 設 計：Fay
主　　　編：Fay、黃義
總　　　編：張加君
校　　　對：林育雯、沈彥伶、連秀婷
出 　版　 者：博客思出版事業網
發　　　行：博客思出版事業網
地　　　址：臺北市中正區重慶南路1段121號8樓14
電　　　話：(02)2331-1675或(02)2331-1691
傳　　　真：(02)2382-6225
E—M A I L：books5w@gmail.com、books5w@yahoo.com.tw
網 路 書 店：http://bookstv.com.tw/
　　　　　　http://store.pchome.com.tw/yesbooks/
　　　　　　博客來網路書店、博客思網路書店、
　　　　　　華文網路書店、三民書局
總 　經　 銷：聯合發行股份有限公司
電　　　話：(02)2917-8022　　傳真：(02)2915-7212
劃 撥 戶 名：蘭臺出版社 帳號：18995335
香 港 代 理：香港聯合零售有限公司
地　　　址：香港新界大蒲汀麗路36號中華商務印刷大樓
　　　　　　C&C Building, #36, Ting Lai Road, Tai Po, New Territories, HK
電　　　話：(852)2150-2100　　傳真：(852)2356-0735
總 　經　 銷：廈門外圖集團有限公司
地　　　址：廈門市湖裡區悅華路8號4樓
電　　　話：86-592-2230177
傳　　　真：86-592-5365089
出 版 日 期：2017年6月 初版
定　　　價：新臺幣360元整（平裝）
ISBN：978-98694866-6-8

版權所有·翻版必究

國家圖書館出版品預行編目資料

熟女壯遊，勇闖世界18國 / 胡語芳 著 --初版--
臺北市：博客思,2017.06
ISBN：978-98694866-6-8（平裝）

1.自助旅行 2.世界地理
719　　　　　　　　　　　　　106009663